中国100强 CHINA 名师名作

WIN IN THE CHANGES

赢在改变

企业转型升级与盈利模式创新

周凯歌 著

中国财政经济出版社

图书在版编目（CIP）数据

赢在改变：企业转型升级与盈利模式创新 / 周凯歌著 . — 北京：中国财政经济出版社，2014. 7

（中国 100 强名师名作）

ISBN 978 – 7 – 5095 – 5128 – 8

Ⅰ. ①赢… Ⅱ. ①周… Ⅲ. ①企业管理 – 研究 – 中国 Ⅳ. ①F279. 23

中国版本图书馆 CIP 数据核字（2014）第 034512 号

责任编辑：杨　云　赵　龙　　　　责任印制：刘春年

责任校对：王　英　　　　　　　　版式设计：丁丁图文

中国财政经济出版社出版

URL：http://www.cfeph.cn

E – mail：cfeph@cfeph.cn

社址：北京市海淀区阜成路甲 28 号　邮政编码：100142

营销中心电话：010 – 88190406　北京财经书店电话：010 – 64033436

北京新华印刷有限公司印刷　各地新华书店经销

787 × 1092 毫米　16 开　15. 5 印张　153 000 字

2014 年 7 月第 1 版　2014 年 7 月北京第 1 次印刷

定价：39. 80 元

ISBN 978 – 7 – 5095 – 5128 – 8/F · 4150

（图书出现印装问题，本社负责调换）

本社质量投诉电话：010 – 88190744

反盗版举报热线：88190492　88190446

中国100强
CHINA 名师名作

编委会

不转型创新等死！精准转型新生！

企业转型升级往往意味着对过去的否定，带来的是定位的重新规划、商业模式的改变、资产的重置、科学技术的引进、流程的优化、管理模式的创新等。这些对于企业而言都存在着极大的风险，同时创新对于企业的人才、资金、制度的柔性与承载能力都有着极高的要求，这又是企业转型创新的一大难题。

不转型创新，中国企业的结局只有死亡！中国企业的转型与创新势在必行！

走过了产品短缺、质量至上、销售为王等阶段的中国企业现在已经集体进入了“过剩经济”时期，同质化、白热化的市场竞争严重压缩了企业的利润空间。战略管理、商业模式（指创业者创意，商业创意来自于机会的丰富和逻辑化，并有可能最终演变为商业模式）、生产管理、财务管理、HRM 等先进管理知识和技术、市场、品牌、文化等层面的创新让企业家们应接不暇，但即便如此，企业在庞大的市场、快速增长的购买力的有利条件下仍然难以恢复昨日的辉煌。与此同时诸如阿里巴巴、腾讯、百度、三星、苹果等企业的成功又无时无刻不在刺激着企业家们本就紧绷的神经。面临市场空间的严峻竞争，企业尤其是实体企业该如何实现有效的转型升级与盈利模式的创新呢？

笔者深知转型升级与盈利模式创新是需要企业融合战略管理、商业模式创新、运营与供应链管理、财务管理、市场策划、品牌、销售等知识，根据内外环境、资源、人力等诸多因素来倾力而为的。虽然笔者有机会将以上理论应用于实践并收益颇多，但身在商界却仍知“生也有涯而知也无涯”的道理。故多年来，每每于境内外高校、政府与企业讲学时则重点传授在各种场景如何选择最佳管理方法。

本书超越“市场策划式”商业模式创新、“产品至上”的销售与运营模式和融入供应链金融对企业运营性流动资金短缺的解决方案，同时考虑读者所处行业不同、背景迥异，全方位介绍了企业转型升级与盈利模式创新的重要观点和突破思维。最后介绍了实体企业转型的空白点：平台型模式创新。

受限于笔者的知识结构与阅历，也受限于此类研究相对较少，文中观点偏颇之处在所难免，期待读者能够批评指正，更期待有专家、企业家能够携手同进、共同研究探索适合于中国企业的转型之路。

目录
CONTENTS

上篇

转型与创新：理念的腾飞

目录

CONTENTS

下篇

转型与创新：商业的智慧

上篇 转型与创新：理念的腾飞

转型创新决定企业命运

突破传统理念的瓶颈，实现转型创新

转型创新需强调 3 个关键

中国企业转型创新的路径

转型创新势在必行的根本原因

不转型创新等死，精准转型新生

第一章

转型创新势在必行的根本原因

第一节　内外环境演变推动企业转型

企业家理应清楚这样的事实，即无论企业大小强弱的情况如何，也无论企业具体从事的产业是什么，企业利润的期望值必然和一个国家的经济总趋势密切相关。例如，企业受到国家 GDP 发展的影响，受到 CPI 变化的制约等。

显然，企业的发展同其所处的外部大环境有着极为紧密的关系。因此，企业是否需要选择新的商业模式，并在这种模式的基础上进行全局的创新，其首要的工作就是判断商业或者经济环境的变化趋向如何。

在这样的判断过程中，企业家应该积极了解企业外部环境变化的具体特点。例如，这种变化究竟是经济周期循环的必然结果，还是企业所处的行业已经开始发生某些本质性改变，或者是企业面对的市场需求已经发生结构上的变化。

同时，企业家还应清楚，选择新的商业模式，是否有着来自企业内部的影响。例如，企业内部的人力资源结构的变化、企业战略目标的重新选择，抑或企业商业伙伴的具体变化，等等。

由此可见，企业内外环境的变化，需要企业家拥有丰富的经验、准确的辨别判断能力，从而最快地、最准确地作出决策判断。

接下来，不妨看看中国企业面对的外部环境特点。

在中国现有的经济体系中，总体经济环境周期波动的特点较为明显。据观察，其原因往往在于国有经济的投资力度变化。这种投资的增长和降低，紧密影响着社会经济的加快和减慢。且更加现实的情况是，当国有经济的投资带来了经济的迅速提振时，民营经济将能够得到充分鼓励。相反，当国有经济的投资开始收缩，经济发展速度减缓时，民营经济也会迅速退出。这样的周期变化不断发生，必将带来企业外部环境的不断改变。

当然，这种循环性的周期改变并不是企业外部环境的唯一变化。

企业同时还要看到，外部环境除了周期性变化，还可能存在着结构性变化。而后一种变化，更需要企业考虑进行自身的战略转型。例如：随着信息技术的高速发展，市场的供应链不断延伸，造成市场中企业资源的重新分配；过度投资对于大范围市场的影响；买方市场的出现和形成，带来消费者和零售商地位的提升；市场产业结构的巨大变化等。根据商务部统计，我国600种主要商品类别中有172种供需基本平衡、478种供过于求，而供不应求的短缺产品不复存在。正如某著名经济学家所言："一夜之间，中国进入到了过剩经济时代。"

让我们看一下H公司战略转型的案例：

1993年，H公司在广东深圳成立。该公司首先进入的是电子技术行业。在当时，计算机硬件产品的生产和销售是整个市场所欠缺的。因此，H公司的高层迅速把握了这样的良好商机，在深圳高速发展的外部环境中，投入到计算机产品经营的业务环境中去。

很快，德国某品牌计算机选择了深圳作为打入中国市场的起点。H公司很快就成为该品牌计算机的授权经销商。由于当时整体经济环境和消费水平都处于上升时期，加上该品牌计算机在中国市场投入的加大而不断获得了消费者的认同，这样，其品牌的提升也给H公司带来了相当丰厚的回报。

但是，也恰恰由于该企业的高层缺乏必要的敏感意识，而没有始终关注企业内外环境的变化，因此错过了对企业进行战略转型的最好机会，遭遇了接下来的重大危机。

在1997年之后，中国本土计算机品牌开始迅速崛起。随着这种环境的变化和发展，价格的比拼开始成为计算机市场竞争的重点。许多企业都开始利用价格优势来抢夺市场。然而，对于国外品牌来说，缺乏必要的成本优势，加之多层分销的流通结构，以致其品牌影响力开始下降。由于对这样的环境变化判断不足，H 公司措手不及。他们的商业模式迅速失去了原有的战略意义，出货量很快下滑到谷底，而原有的成本却并未下降。这样，H 公司陷入了危机。

所幸，在经历了这样的变故之后，H 公司的高层终于认识到外部环境的结构性变化。他们开始对企业的战略进行调整，将企业商业模式所关注的重心从原有的经销商转移到直接的消费者身上。为此，H 公司开始关注这些直接客户的需要，了解他们对于产品的要求和预期，向他们进行直接的调查，请消费者提出自身的建议，以顾问者的形象出现在客户的面前。

最终，H 公司完成了其应有的战略转型，其业绩也获得了明显的回升。

从总体上来看，企业战略模式的转型需要关注其内外环境的变化，而内部环境的变化，又很大程度上取决于其外部环境的改变。因此，企业家应当学会从下列几方面观察外部环境的变化。

首先，信息技术对于市场的影响力正在不断加强。

信息技术、互联网络的高速发展，使得企业外部环境产生重要变化。在此之前，许多国家、地区、行业都是各自封闭的，但这种情况现在已经完全被打破，并在不断地分解之中。而这种来自外部的变化，又深深撼动了企业内部原有的结构，将企业中从一线操作员工到高层主管都融合进信息网络中，并要求公司的组织、管理、营销等都能够体现在网络之中。同时，企业内部的传统等级制度也需要加以改变，从而能够更加灵活地运作，并面向外部进行积极的合作结盟。

其次，金融资本在企业外部环境中影响力的提高。

20 世纪初，中国企业在证券市场上圈钱极为容易，因此给企业带来了大量的投资机会。但是，发展到当下，这种圈钱压力已经开始凸显。可想而知，这样的外部环境变化，也会让企业内部的资本力量、管理方法和战略目标发生改变。可以肯定的是，在今后的企业发展中，企业家还将要密切关注金融资本对外部环境的改变，并随之调整企业本身。

最后，市场需要对企业外部环境的改变。

任何一个企业最终都需要面对市场。因此，对于企业来说，市场乃至于无数消费者本身，都是环境的重要影响因素。因此，企业家需要积极观察整个行业是如何受消费者需求变化左右的，并通过行业整体的走势判断企业在供应链、营销链和市场份额上具体面对的变化。

可以说，只有将上述三方面因素充分结合，企业家才能理性而全面地看待企业内外环境的变化，并进一步正确决定企业战略转型的方向和步骤。

第二节　标杆企业接连亏损，不转型必死无疑

企业内外部环境在不断改变，这就对企业转型提出了必然的要求。面对众多标杆企业接连出现亏损的状况，例如，中国远洋、比亚迪，甚至索尼、夏普等企业的亏损额度堪称惨烈，我们就更加需要正视转型的重要性，以免走上这些“标杆企业”的老路。

当对“标杆企业”的接连亏损进行分析时，我们看到的是这些“老字号”企业在市场瞬息万变的今天仍然“故步自封”，坚持着几十年前甚至几百年前的老路，这对于任何一家企业而言无疑都是一条死路。

企业转型的唯一目的就是在不断演变的内外部环境中，通过转型来营造和提升自己的竞争优势，其动机也因此存在“内生性”和“外生性”的差别。当企业内部结构变化时，企业家就应针对企业内部资源分配制度、人才成长机制等进行转型；而当企业外部环境变化时，企业家则需要站在战略层面，综合外部环境的变化特点，对企业发展战略进行转型升级。

当然，企业家需要注意的是，转型是有风险的。由于企业转型受到多种因素的影响，因此企业家很难在转型中兼顾全局，或是把握住环境变化的特点。一般而言，企业家在策划企业转型时，需要对国家政策法规、市

场发展趋势、企业承受能力、人力资源配置等多个方面进行权衡，同时，企业家还要注意提高员工在转型中的认可度和支持度。

可以说，企业转型并非容易的事，但不转型的企业在市场发展中必死无疑。

在国务院牵头举办的“第十一届中国企业发展高层论坛”中，“经济调整期中国企业的转型发展”正是大家的研讨主题。2012 年，随着国内生产成本的不断攀升以及国内外需求的显著降低，再加上科技创新这一核心元素的缺失，中国企业无疑陷入了发展的困境，而企业转型则是企业得以走向“柳暗花明”的关键。

随着金融危机所带来的“经济寒冬”的到来，中国服装制造业在 2012 年都明显呈现出一片萧条景象。走在大街上，那些往年的品牌产品几乎全年都在做着特价促销。然而就是在这样的经济环境下，特步却仍然保持着其营业额和净利润的稳步增长。其原因何在呢？

特步之所以能在这样的消极环境下取得发展，正在于其适时地进行了企业转型，将实体门店与电子商务相结合，建立了自己的电商“作战室”。在 2012 年 11 月 11 日，一年一度的“光棍节”活动又开始了，而在特步的电商“作战室”里，则多出了一面锣鼓。在这一天，营业收入达到 100 万元的员工都可以去敲响这面锣鼓。当 12 日零点钟声响起时，这面锣鼓已敲响了 20 次，这就意味着，特步在这一天实现了超过 2000 万元的营业额，而在 2011 年，百年一遇的“神棍节”那天，这一数字也仅仅是 600 万元！

特步在电商之路上，无疑走在了行业竞争者的前面，特步深刻地认识到了在信息技术高度发达的今天，互联网已经不仅仅是一个信息交流的平台。在2009年，特步开设了其第一家网络旗舰店，其目标就在于，通过“全网”融合打造自己的网络销售平台。

与其他企业不同的是，随着“电商时代”的到来，特步表现出了相当强的主动性。对于传统企业而言，电商实在是令人“又爱又恨”。线上交易无疑最大地节省了企业的销售成本——门店租金、宣传策划、交易时间等成本都得到了极大的缩减，但对于企业本身所具有的大量门店而言，电商又是一个巨大的挑战，其价格优势和消费程序使门店的优势日渐弱化。

怎样处理好线上与线下交易的关系，成为众多企业发展电子商务的难题。面对这一难题，特步则实行了种种战略来打造其线上品牌，特别针对网络消费者年轻化的特点，推出了以星座、涂鸦等流行元素为主题的产品。

在2011年时，特步还邀请韩庚代言，在线上推出“步步庚心”系列产品。当时，由于特步的系统故障导致商品“超卖”，出现库存不足的状况。面对这一问题，特步及时向消费者道歉，并给予消费者退款或等待30天的选择，结果出人意料，大多数消费者都选择了等待。

特步还针对其电子商务的不断发展，打造自己的供应链管理中心，以应对电商对物流系统的要求。“现在的市场变化很快，我们都是在拿到订单后才开始生产的。如果供应链协调出现问题，那么，要么缺货，要么库存积压。”特步电商某高管如是说。

通过时尚运动品牌的自我定位，特步开启了由价格战到价值战、由门店销售到“立体销售”的全面转型，从而将电商的优势融入自身，在信息化时代赢得了自己的一席之地。

随着众多“标杆企业”的相继“阵亡”，企业转型成为摆在每个企业家面前的课题。而企业转型也并不是一件简单的事，由于企业转型涉及企业发展的各个方面，因此其实际执行起来难度十分大。

首先，每个企业都要有适合本企业发展的转型思维与模式。

在产业链分工细化的今天，企业所处的每个环节不同，其利润率则千差万别。著名的微笑曲线展示了制造型企业获取利润高地的规律，很多企业受此启发而成功转型。然而转型升级不会一蹴而就，需要企业具备持续转型升级的思维与基因。

其次，企业家们要成为转型的强力推动者。

任何企业的转型都是一个由上而下的过程，企业家在其中起着尤为关键的作用。企业家必须以强烈的转型欲望引领员工，并制定明确的转型目标，坚定地推动整个企业向着预定的方向转变。这就要求企业家必须努力提高自身的影响力和下属的执行力，成为引领企业转型的“狂热者”。

然后，良好的沟通是企业转型有效进行的“润滑剂”。

事实上，从员工的角度而言，他们并不希望企业出现太大的转变，适应和熟悉过程对他们而言是一种“加班”。故此企业家在进行企业转型之前，必须通过沟通获得员工的广泛认可；在转型期间，也要以沟通的形式吸取员工的建议，从而促使企业转型的高效有序进行。

最后，企业家们必须为转型制定全面可行的方案。

当员工能够从思想上认可企业转型时，“怎么做?”这一核心问题也就随之出现了。企业转型对于企业的每个元素而言，都是一种全新的体验，基于此企业家必须制定出一套全面而可行的方案，让员工不至于在企业转型中无所适从。

诚然，面对企业内外部环境的不断演变，企业转型成为企业发展的必由之路。而在踏上这条“艰难大道”之前，企业家们必须从以上三个方面做好前进的准备。

第三节　越来越站不住脚的“Made in China”

三十多年的改革开放使中国成为名副其实的“世界工厂”，“Made in China”成功占据了全球各大消费市场。但随着生产成本的不断增加，“Made in China”已经失去了其“价廉”的优势，相反，不断发生的产品质量问题，却使“物美”离中国制造越来越远。

近些年来，“Made in China”在多国市场上遭到了不同程度的抵制。

例如：巴西近期提高了 7 种制成品的进口关税，其中 5 种源于中国；中国制造的奥运服装、军靴等都在美国遭到了抗议，引起了风波；日本、韩国、澳大利亚等甚至将“不含中国制造”作为产品宣传的重点……

种种迹象都表明，“Made in China”在全球市场上已经越来越站不住脚。而这一切其实也都是源于“Made in China”的优势不再，“物美价廉”已经与“Made in China”渐行渐远。

在过去，中国人工成本的低廉程度“令人发指”。2002 年的一项调查显示，中国制造业工人的小时工资仅为 64 美分，而美国的则达到了 21.64 美元！然而到了 2010 年，中国工人的年薪平均已经超过了 5 500 美元。在人工成本不断上升，产品价格不具优势后，“Made in China”的低附加值问题就愈发凸显。在经济全球化的背景下，中国主要负责产品的加工组装部分，而这一部分无疑是产业链中附加值最低的。中国制造业一直采取的是出口加工模式，也就是外国给技术、给图纸、给设计、给市场，中国则把产品做出来。低附加值本身就意味着低利润，这样成本的上升就给中国制造业带来了困境。

另外，部分唯利是图的中国企业无法保证出口产品的质量。“Made in China”几乎遍布全球市场，原本给中国各种规模的制造企业带来了商机，可部分厂商目光短浅，唯利是图，以次充好，致使“Made in China”成为质量差的低端产品的象征。

“Made in China”几乎已经走到了生死存亡的关键路口，因而整体转型已经迫在眉睫。“Made in China”应放弃低价竞争模式，提高产品技术含量，从“出口加工厂”转变为“高新产业基地”，只有这样才能在世界经济中拥有更多的话语权，从而赚取更多的利润。

富士康无疑是中国出口加工业的代表，随着一系列员工跳楼事件，富士康也被推向了风口浪尖。而富士康作为苹果公司的最大装配工厂，其在中国招工计划的冻结也致使苹果公司股价下跌了2.4个百分点。

富士康招工计划的冻结，也正是源于其人工成本的不断上涨。虽然英国《金融时报》认为是由于iPhone5手机生产放缓，而富士康对此也解释为员工年后返工率高，但不管看法如何，富士康加速海外建厂标志着中国不再是出口加工业的沃土。

20世纪70年代，郭台铭创立了富士康工厂，在80年代末迁入深圳后其迅速成长为全球最大的电子制造外包工厂。而随着“Made in China”陷入困境，在2013年2月，富士康宣布推迟扩建郑州工厂的计划，并决定在巴西开设工厂，同时与印尼展开设厂谈判。

另外，随着与苹果公司合作的深入，富士康也计划在美国加利福尼亚州和德克萨斯州设厂。而苹果公司之所以愿意投资1亿美金帮助富士康在美国设厂，也正是由于“Made in China”在美国市场的名声逐渐下滑。富士康在美国也将不仅仅负责装配工作，还会与苹果公司展开更高层次的合作。

富士康作为中国最大的民营企业，其与“Made in China”一直联系密切。在富士康160万的工人中，有150万来自中国，其原来在海外设厂也多是负责一些边缘性的业务。然而，为了谋求更大的竞争优势，富士康现在正一步步地脱离中国。

之所以选择离开这片“故土”，也正是由于中国工人工资的急速上涨，同时工人的不满也迫使富士康走向工会化，“血汗工厂”的名声也使得富士康要面临更加严格的政策环境。

富士康的“逃离”，无疑是“Made in China”站不住脚的明证。企业转型则是富士康的应对方案。然而，单纯以劳动力成本的高低走向进行转型的企业必将如“候鸟”一样不停地迁徙，进而为此付出的成本越来越高，企业利润越来越低。富士康启动的“万店计划”就是对转型升级的另一种思考。

面对这种困境，企业转型是“Made in China”的唯一出路。中国制造业的传统优势不再，我们只能通过转型来获取新的竞争优势，开拓出更广阔的市场。2008年金融危机以来，经济学界、媒体为主导推行的“转型升级”模式主要有以下内涵。

首先，我们要通过掌握核心技术提高出口产品的技术含量。

“Made in China”一直以来都是依靠薄利多销，以广泛的市场占有率来保证企业的利润收入。而今面对市场认可度的不断降低，“Made in China”必须努力提高产品的技术含量，以“质”取胜。20世纪80年代，日本面临着同样的问题，他们的选择也正如我们今天所见，以尖端产品打入高端市场，以高产品附加值获取高利润。

其次，我们要保证产品质量，打造中国自己的品牌。

“Made in China”在全球市场上的负面新闻一直不断，这正是由于我们对产品质量的不重视。“低价 = 低质”成为很多出口企业的共识，由此使得“Made in China”逐渐沦为“山寨”的代名词。要想维持中国产品在国际市场上的优势地位，我们就要保证产品的质量，毕竟，质量才是打造品牌的保障。

最后，我们要培养出自己的高素质人才，重新建立成本优势。

人工成本无疑是制造业成本的重要组成部分，而随着中国工资的不断上涨，我们已经很难获得人工成本上的绝对优势。但我们可以培养出大量的高素质人才，同样的工资，我们工人的素质更高，这也是一种比较优势。而且对员工重视程度的提升，也会带来员工忠诚度和工作效率的提升。

“Made in China”已经无法依靠传统模式来开拓全球市场，这就对中国出口企业转型提出了必然的要求。“物美价廉”一直是“Made in China”走向世界的“拐杖”，因而质量与成本也是我们企业转型的核心要素。

然而，以上大而全的转型升级模式对于微观经济层次的企业来讲很难执行见效，笔者认为以上三点可以视为企业生存发展的基本要求。要想作好“转型升级”，企业可以依从以下五个模式进行主动的转型升级创新（见图1）：

（1）商业模式转型创新；

（2）经营模式转型创新；

（3）销售模式转型创新；

（4）渠道模式转型创新；

（5）资金链模式转型创新。

图1　转型升级五大模式

以上五种转型升级突破需要互相匹配、整体提升。在笔者目前担任常年顾问的多家企业中，有的企业虽然具备相对领先的商业模式，但是其运营模式未能与商业模式相匹配，盈利模式与资金链模式相对落后；有的企业只知“母鸡般埋头下蛋”，不知外部环境和内部因素已经发生了翻天覆地的变化，等到对手杀来时才发现自己手上的大刀长矛在坦克大炮的竞争中已无任何招架之力，此时转型为时晚矣！

第四节　现有商业模式难以适应新的市场环境

商业模式其实就是企业实现其市场价值的模式，是一个完整的产品、服务和信息流体系，经营活动中的每个参与者都包括在其中。在历史的发展过程中，商业模式被不断创新，而其中的“领头羊”几乎都走向了成功。如20世纪50年代的麦当劳、丰田，60年代的沃尔玛，80年代的英特尔和戴尔，90年代的亚马逊和星巴克。

随着经济全球化、信息化、市场化的不断发展，现有的商业模式已经不再适用于新的市场环境，而新一轮的创新也正在酝酿之中。企业家对于未来的市场发展有着不同的看法，有的专注于产品的价值创造，有的着眼于消费者需求，有的以联盟形式合纵连横，有的以互联网作为新模式平台……

其实不论是哪种形式、哪类企业，商业模式的创新都是必需的，企业转型的第一要素就是商业模式的转型升级。商业模式可以说是企业可持续发展和实现盈利的基础，离开了商业模式的转型升级，运营转型、盈利模式转型、销售与渠道转型等都成了“无源之水”。

创新的商业模式是企业成功的基础。沃尔玛最初只是一家小小的杂货店，可口可乐当初也只是卖汽水的，微软从卖软件的变成IT业霸主，国美从电器店变成全国最大的电器连锁店之一……这些都源于其成功的商业模式。

商业模式从来没有像今天这样具有决定性的意义，经济市场的高速发展使得产品的生命周期大大缩短，企业家难以依靠产品销售来赢得长久的优势地位，故步自封只会走向衰亡。而进行商业模式转型的企业则在迅速崛起，甚至因商业模式创新而“白手起家”创业成功的企业也不乏少数。

成功需要方法，经营需要思路，在企业经营之路上，我们需要一个成功的商业模式。当2000年互联网泡沫破裂时，众多互联网企业纷纷进行反思，他们都在疑惑，“既然互联网是21世纪的发展大趋势，那么为什么会出现这样的市场灾难呢?”原时代华纳首席技术官迈克尔·邓恩就对此说道：“一家企业在发展之初，首先要确立一个良好的商业模式，技术手段反而退居其次。在企业的经营过程中，商业模式比技术更加重要，因为商业模式才是企业成功的决定因素。”管理学大师彼得·德鲁克也说过：“当今企业之间的竞争，不再是产品或资本之间的竞争，而是商业模式之间的竞争。”

中国奥运代表团无疑进行了一次深刻的“商业模式”转型。一开始，中国奥运代表团采取的是“苏联模式”，而不理想的奥运成绩一直困扰着中国奥运代表团，直到中国奥运代表团开始全面转型为“美国模式”。

事实上，无论是“苏联模式”还是“美国模式”，其运动员都是从全国各地进行选拔，再将有潜力的运动员集中到体校进行专业训练，最后通过市队、省队的一层层选拔，将全国最优秀的运动员吸纳到国家队中。

而“苏联模式”和“美国模式”最大的不同之处则在于，其利益链的不同。换句话说，他们采取了不一样的商业模式。

在“苏联模式”中，运动员的唯一收入来源就是微薄的工资和得奖后的奖金，运动员从事商业活动是被禁止的，跳水冠军田亮也正是因此而被开除出国家队。在这种模式下，且不论得不到奖的运动员生活之艰苦，即使运动员得奖，也会在退役之后面临着“无事可做”的生活压力。

而在采用“美国模式”后，运动员成名意味着巨大的商业利益，无论是出席商业活动、拍摄广告或是商品代言都是允许的。在“美国模式”下，运动员、教练与体育总局是一条完整的利益链，每个单元都可以从中获益。以刘翔为例，刘翔的每笔广告收入中，只有50%归刘翔所有，教练得到其中的15%，地方体育总局得到15%，中国田径协会则得到20%。

这样一条完整的利益链，将中国体育的每个部分都联系在一起，他们都在为了获得更好的成绩而努力、而奋斗。也正是源于此，中国奥运代表团能够在2008北京奥运会上勇夺51金，并在2012伦敦奥运会取得奖牌榜第二名的成绩。

国家体育总局对这一转型解释为“体制的创新”，而对于我们而言，这无疑是一种“商业模式”的转型。

商业模式的创新转型对于企业成功有着决定性的作用，因而其复杂程度以及难度也是不容小觑的。企业家们在着手商业模式的创新转型之前，必须避免以下这样几个概念误区。

首先，商业模式创新并不等于企业战略创新。

商业模式包含了企业经营的全方面要素，是企业立足的根本。而企业战略则只是企业为达成某一目标制定的具体战术的统称。企业家在进行商业模式创新转型时，必须避免将其与企业战略混为一谈，我们要考虑的并不是企业经营中的某一环节，而是企业经营发展的根本方法。

其次，商业模式创新不等于策划创新。

营销策划的创新是商业模式的重要组成模块，但不少企业把营销策划创新等同于商业模式创新，甚至有的企业还陷入“庞氏骗局”或“麦道夫骗局”的苦海。

然后，商业模式创新不能取代产品创新。

商业模式创新转型的重要性越发凸显，很多企业家也就越发认识到了其对于企业成功发展的决定性作用。然而，商业模式创新并不是“万灵药”，商业模式是企业创新价值的根本方法，企业家们必须立足于这一模式之上，不断完善价值的载体——产品和服务。如果企业的产品和服务差强人意，那么，即使商业模式再好也无从实现其价值。

最后，商业模式创新并不是一个简单的过程。

很多企业家往往低估了商业模式创新的难度，认为商业模式创新要比产品、技术创新来得简单。其实，商业模式的创新转型是企业整体的深度变革，需要企业家打破传统，而打破传统就意味着会有冲突和阻力，这对于企业家的个人素质提出了较高的要求。

由此看来，商业模式创新转型并不是企业“一夜暴富”的方法，而是需要企业家在全面且深入的考虑分析之后，结合价值创新、运营、市场、融资模式、盈利模式等各方面的要素徐徐图之的艰难事业。

第二章

转型创新决定企业命运

第一节　麦考林的“拯救者”

在后金融危机时代，越来越多的企业家发现：一直有效的商业模式不再能带来盈利，甚至成为企业陷入危机的根源；一直保持的竞争优势逐渐丧失，甚至变成企业发展的阻碍；不断变化的市场环境，导致企业家们不得不暂缓企业发展，而着手解决企业的生存问题。

在“世界企业之林”中，中国企业可以说是最“短命”的。世界 500 强企业平均寿命为 40 年，其中很多都是“百年企业”；欧美企业平均能够存活 12.5 年；日本企业则可以达到 30 年；而在中国，平均 3.5 年之后，企业就会“夭折”，中小企业甚至寿命不足三年！

很多中国的企业家都十分迷茫，为什么在这世界最大的新兴市场中，在资源成本、人工成本都低于世界平均水平的情况下，企业还这么难以发展，甚至无法生存？难道中国企业的高速发展期就只有那么三十年？

有学者归纳后认为，这是由于中国经济由30年前的短缺经济过渡到过剩经济的内部经济小环境与世界经济下滑的大环境共同影响下造成的必然现象。诚然，以上双重因素不可忽视，但是当大部分中国企业家还无法清晰地认识新的市场环境时，消费者却已经快速接受了新时代的消费模式，同时企业运营成本也在不断提高，在如此变化的境况下，企业家们却仍然走着几十年前的老路。简而言之，与时代的脱轨，是中国企业生存危机的重要原因。

面对这一全新的市场环境，企业转型升级已经是转变中国经济危机的必由之路。在这一过程中，企业最彻底、最全面地转型就是针对商业模式、运营模式、资金流等模式的转型，而以上转型的关键正是盈利模式的创新，企业战略转型的关键在于商业模式的创新。可以说，转型升级与盈利模式创新已经成为企业成败的决定性因素。

对于企业转型而言，商业模式和运营模式创新缺一不可，商业模式转型确实可以帮助企业暂时脱离生存危机，但想要获得长期发展，就必须基于以上诸模式的转型与盈利模式的转型创新，依靠商业模式的创新。转型升级的根本就在于盈利模式的创新，很多企业家空谈战略、品牌、技术甚至是商业模式，却忽视了盈利模式创新，这就不可能真正打造出属于自己的持续竞争能力。

麦考林已经成为中国当今最成功的电子商务网站之一，而在 20 ~ 35 岁的中国白领女性中，麦考林拥有其他电商不可媲美的竞争优势。

麦考林在中国的发展可谓是一波多折。麦考林在 1996 年成立时，瞄准的是中国的邮购市场。当时，邮购业务在国外市场已经相当成熟，而中国还是一片空白，美国华平基金正是看中了这一点，才不顾各国际邮购公司在中国的失败，而成立了麦考林。

但麦考林并没有摆脱如其“先烈”一样的命运，在巨额资金的投入下，麦考林虽然成为中国第一批获得政府批准的从事邮购业务的“三资企业”，但其仍然无法获得中国市场的认可。为了不让先期投入白白浪费，华平基金又注资 1300 万美元，成立了如今电子商务网站的巨头——“麦考林”网站。但随之而来的，却是 2000 年的互联网泡沫……

这样的失败对于任何企业而言都可谓彻底，华平基金也几乎放弃了中国这块“大蛋糕”。正当此时华平基金雇用顾备春做公司总裁，顾备春曾经也是从事邮购行业的，在创业失利的情况下，被华平看中，成为麦考林的新任总裁。当时，麦考林的账面上只剩下了 200 多万美元，顾备春却利用这点资金成为麦考林的“拯救者”。

首先，顾备春惯例性地开始裁员，以削减企业的运营成本。之后，顾备春就着手进行了一系列的企业战略转型，顾备春做的第一件事就让业界大为不解。由于当时大城市商品经济发达，大城市消费者对于邮购并没有多大需求，所以，当时中国邮购业的主要目标消费者被锁定在商品经济并不发达的中小城市和农村。顾备春却直接打破常规，将麦考林的目标消费者定位为都市白领。随着目标消费者的转变，顾备春又放弃了麦考林一直以来的主打产品——服装，而转向了利润更高的女性饰品，尤其是银饰品。

就是在这样的战略转型和商业模式创新中，顾备春甚至都没有动用账上那可怜的200多万美元，就将麦考林的业绩扭亏为盈。

而这远未结束，在获得了稳定的现金流之后，顾备春又来了一记“回马枪”，在2004年重新推出“麦考林”网站，并又开始将女性服装作为企业的主打产品。麦考林这次的转型目标在于成为“在线女人街”，利用其邮购业务的成熟基础，跟上世界电子商务的浪潮。

顾备春还对麦考林的服装经营模式进行了创新，开创了“快速时尚”的商业模式：在保证产品价格较低的情况下，充分地融入市场流行元素。为了达成这一目的，顾备春将麦考林的服装设计落户在日本，从而与国产服装形成差异化，而其低廉的价格、较高的质量，成为中国女性在线消费的首选。

当“麦考林”网站走向成功后，麦考林又开启了进一步的企业转型——进军实体经济。2006年6月，麦考林第一家实体店在上海浦东开设，其生意的火爆程度令人咋舌。之后，麦考林又陆续在中国各省市开设分店，而其店址多选择在一线城市的一线卖场，高昂的租金使麦考林利润走低，但高销量却带来了麦考林的又一次“飞跃”。

从邮购到电商，再到实体店，麦考林正是在这样一步步的战略转型中，成为中国最成功的新兴企业之一的。在麦考林的成功历程中，商业模式的创新也频频出现，三种销售渠道的融合，最终使竞争对手难以模仿、复制。

企业家们想要在当今的市场环境下走向成功，就必须如顾备春一样，敢于转型、敢于创新。

首先，企业家必须认识到转型升级的必然性与紧迫性。

转型升级是每个企业在发展的各个阶段都需要的，而在中国市场环境的迅速变化下，中国企业几乎集体进入了其战略转型期。面对外部环境的变化以及内部成长的需要，中国企业也几乎整体遇到了发展瓶颈，这就要求我们迅速改变调整企业的发展模式，也就是进行转型升级。

其次，企业家必须重视盈利模式创新的核心作用。

在企业的转型升级中，商业模式、运营模式、销售模式、融资模式、销售模式都是企业在不同发展阶段下进行改善的方向，然而，盈利模式的创新是转型升级活动的中心与价值体现和客户价值创新重要性的凸显，企业必须运用各种战略组合，迎合利益相关者的需求变化。盈利模式创新，就是企业家运用战略组合创新，以共赢合作的方式实现企业竞争优势的有效调整和螺旋式提升。

只有将转型升级和模式创新融为一体，企业家们才有机会打造出自己的核心竞争力，在变化莫测的市场上“分一杯羹”。

第二节　一招错满盘输的柯达

很多经济学家在研究企业转型时，都会用到供需平衡理论，它将市场假设为一个相对平衡的系统，即使供给或需求发生某种变动也会在市场调节下，迅速回到平衡状态。

这个理论为我们对未来市场的分析提供了极大的便利，帮助我们在对过去的数据和信息进行分析后，预测出相对准确的未来发展趋势。它其实是基于市场作了一个可以确定系统的假设。

但市场、企业、消费者的行为模式通常是极为复杂的，各种元素相互影响，我们很难得出一个试用度较高的非线性模型。我们在对市场进行预测时，通常要将某一个或几个变量假设为不变的，才能得出一个结果。然而，这一结果的假设前提就已经违背了市场现实，市场环境的不可预期、企业行为的不可想象、消费者行为的不可理解，使企业转型具备了极强的不确定性，这种不确定性就可导致企业家在企业转型中“一招错，满盘输”的结局。

很多国内企业家在成功之后，并没有在自己的领域“百尺竿头更进一步”，而是选择以雄厚的资本优势着手转型，进入“更加赚钱”的领域。

在中国当今市场环境下，我们发现，不管什么企业走向成功，都会努力进入到房地产产业。房地产无疑是中国时下最赚钱的行业，即使是经历了几轮的宏观调控，各路经济学家都齐齐唱衰，但房地产企业的利润仍然实现着稳步增长。

很多企业家却忽视了以下几个事实：（1）之所以在房地产行业能暂时获取盈利甚至暴利，是因为过去的十年中大量房地产需求处于集中释放阶段，而存在大量市场需求空白的典型特点就是暴利；（2）过去二十多年快速发展的工业行业逐渐走向过剩经济边缘，利润空间越来越小，客观上引导他们进入房地产行业；（3）该行业内的“劣势企业”正悄悄地走向同盟，一旦他们在其他行业失利，这股力量的存在就会对其造成重创，甚至将其“连根拔起”。

杰克·韦尔奇就曾说过：“你很难预见到一年之后的事，当初，我们确实可以对市场变化有个相对准确的预测，我们可以推算出市场需求在五年甚至是十年之内的变动，从而占据先机。但到了今天，想要预测未来，已经成为一件不可能的事。信息大爆炸带来的创新加速，使社会、产业、消费者都发生着天翻地覆的变化。当我们还在研究如何提高生产效率时，3D 打印机已经横空出世。为了应对外部和内部环境的剧烈变化，我们就要花费更多的精力在市场信息收集上，从而把握住机会，实现有效的企业转型。”

当企业家们以单纯的线性思维来着手企业转型时，稍有不慎就会遇到

“一招走错，全盘皆输”的局面。

美国伊士曼柯达公司对这句话作了最好的注释。柯达作为全球规模最大的胶卷生产商，其在发现数码影像已经成为市场主流时，决定将传统影像业务的盈利作为数码影像业务的启动资金，从而稳步地走向一条企业转型之路。

然而，事与愿违，数码影像业务在当时虽然还是个新兴产品，但其被市场接纳的速度令人吃惊。而数码技术也是日新月异的，很多企业倾尽全力都难以追赶上数码技术进步的步伐。柯达在2005年开始走向亏损，当年第一个财政年度，柯达的净亏损达到了1.42亿美元，营业收入也下降了3个百分点。

正是由于数码影像业务的快速发展，传统影像业务已经无法实现盈利，同时，供应商为保证自身的利润纷纷提高原材料价格，由此致使传统影像市场进入了一种“末日性”的混乱。柯达初定的转型之路又以传统影像业务的盈利为基础，从而最终导致其在百年的成功后走向衰落。

2012年1月3日，柯达在纽交所的收盘价跌破1美元；1月10日，更是以28美分的历史最低价收盘。就在三年前，柯达的股票价格还是每股78美元！纽交所甚至对柯达发出警告称，“如果柯达股价在6个月内无法重回1美元，将被强制退市”。而在1月19日，这家延续了131年的影像公司申请了破产保护，这也正是其转型失误的结果。

自从1888年第一部柯达照相机上市开始，柯达一直是影像市场的领军者，然而，到了 20 世纪 90 年代末，柯达终于走向了衰落。这一切也正是源于其率先发明的——数码相机。

柯达作为影像行业的霸主，数码时代是其一手开创，却最终又被数码时代所抛弃，这不可不说是一种遗憾。我们都知道，柯达在发明了第一部数码相机后，完全具备转型到数码影像时代的技术优势，而且其胶卷业务也为其提供了充足的资本积累。

柯达之所以直到 2003 年才开始着手转型，正是因为其传统业务部门的桎梏。柯达依靠胶卷业务走到了传统影像行业的巅峰，这使得胶卷业务部门在柯达掌握了话语权——柯达的资源几乎都会被优先配置到胶卷业务部门，即使到了 2003 年，柯达终于决定全面向数码转型，才决定向数码业务部门投入 30 亿美元，可随之而来的 72% 的红利削减却使其遭到了部分股东的强烈抵制。

一百多年的企业历史，最终成为柯达丧失创新转型机会的包袱，当其竞争伙伴疯狂地占领新生空白市场（数码影像业务）并贪婪地掠夺其巨额利润时，柯达的帷幕却悄悄地落下了。同样的案例也发生在曾经的手机巨无霸诺基亚。诺基亚公司发明了触摸屏手机，但是同样的错误导致这家曾经的全球手机霸主折戟于触摸屏手机带来的智能手机的革命大潮中。

在柯达中国区，其转型不仅面临着资源配置上的阻碍，而长期以来总裁的频繁更换，导致了战略计划无法得到长久的执行。柯达中国区原总裁为叶莺，叶莺离职后，陈志轩、傅志君、李强等人相继上任，其总裁几乎每年都会换一次。

在2009年，陈志轩上任后，力主推行了“乐活馆”的项目计划，对柯达门店进行转型升级，柯达的门店添置了很多生活化的用品，有相框、墙纸、台历，甚至有一个“中央厨房”。新的门店设计使柯达在消费者心中的形象得以转变，柯达门店从一个单纯的产品销售馆，变成了消费者的“生活体验馆”。

陈志轩的积极转型使柯达似乎有了重整旗鼓的机会，然而，到了2009年年底，陈志轩离职，傅志君上任，“乐活馆”项目也就此终止。

柯达从来就不缺企业转型的物质基础，其转型失败的根源就在于企业决策的不果断、不坚定。柯达向数码转型本来就姗姗来迟，可其战略计划却又反复改变，裁员、亏损、并购……最终柯达也就在这样的内耗中迎来了彻底的衰落。

企业转型的确存在不确定性，使很多企业家害怕转型，但企业转型的必然性客观要求企业完善转型升级模式，把行业或产业链的市场空白、薄弱环节和价值利润高地作为企业转型升级的驱动力，以避免转型中“一招错，满盘输”的局面。

首先，必须增强战略洞察力，具备寻找行业市场空白（产业链薄弱点）或价值高地的洞察能力。

柯达的失败很大原因在于其决策者的领导素质缺陷。伴随着技术的进步和经济的发展，很多企业家都认识到了市场变化的大趋势，同时企业也都具备转型需要的基本资源。可是，很多企业迟迟无法转型，有的甚至向反方向转型，这都是由于企业家领导力的缺失，以致企业家的转型战略得不到很好的执行。

其次，必须凝聚起企业的所有力量，服务于转型。

企业转型意味着企业商业模式的转变，随之而来的是企业资源的重新配置，企业部分成员的利益受损。而这些都会成为企业转型的阻碍力量——企业成员会为了保住自身的既得利益，而采取“反对、不支持、不合作”的态度。我们必须以妥善的利益共享机制，将企业的全部力量凝聚起来。

对于企业家而言，企业不转型则必死无疑，但企业转型也同样面临着困难和阻碍。在企业转型的生死攸关的历程中，只有更加全面的策划、更加果断的执行，才能够为企业带来更大的胜算。

第三节　联想崎岖转型路

企业转型的盲目性，使得企业家很难在转型中走向成功，中国企业的转型成功率甚至不足50%，很多企业家都陷入了一种“不转型等死，转型找死”的尴尬局面。

很多学者或企业家都将其归咎于中国薄弱的市场经济基础，认为中国企业技术水平低、管理水平差，所以中国企业转型难度远高于欧美发达国家。

然而，事实真的如此吗？在经济全球化的今天，我们可以快速地了解和学习到世界上先进的科学技术和管理理念，其实，在中国企业大规模收购海外企业的今天，很多中国企业都具备了世界先进的科学技术。

事实上，中国企业无法顺利转型的根本原因就在于，企业家不顾企业自身的实际情况，而盲目模仿，最终在生搬硬套之下，踏入企业转型的一个个误区。

企业转型可以说是风险与机遇并存的。很多企业都借助企业转型而进入一个崭新的境界，比如 IBM、方太厨具等。然而，更多的企业在转型中走向衰落，企业在转型中回到起点甚至走向破产，很多企业家也就此谈转型而色变。

联想在成功转型成为今天的世界级 PC 品牌之前，同样在企业转型之路上进入过误区。

在 2000 年之前，联想以“贸工技”作为企业发展的战略方案，也就是以“贸”为先，通过市场营销打入市场，积累资金。到了 2000 年，联想总裁柳传志终于认识到了企业转型的重要性，认识到科技才是 IT 业的核心竞争力，决定以“技”为先，以“技工贸”的战略路线将联想打造为尖端品牌。可柳传志在打造“高科技的联想”时却屡屡碰壁。转型之初，即使决定以技术为企业发展重心，但联想在科研方面的投入仍然远远不足，其科研基金只有 2 亿元人民币，这个数字只有联想当年营业额的 1.1%。2002 年时联想逐渐加大科研投入，达到 9.6 亿元人民币。但与华为的 30 亿元人民币、海尔的 40 亿元人民币相比仍显单薄，联想的科技转型仍然没有落到实处。这也正是当海尔已经拥有 2125 件专利项目，华为拥有 456 件专利项目时，联想的专利项目却仍然只有 213 件的原因。

之后，联想开始“大力”发展科研，首先是收购赢时通 40% 的股权，其次是以 12.5 亿港元的资金开发联想的科研项目，其中 10 亿港元用于互联网技术开发，其余则分别投入到了手机业务和信息科技服务中。这时，我们就可以看出联想在这条错误的路线上已经折腾了太久，联想空有成为高科技企业的理想，却不愿意在其中进行足够的付出。

在这次的企业转型中，联想可谓是步步走错。首先，联想虽然决定提高自身产品的科技含量，却又吝啬于投入足够的资金，致使其科学技术一直落后一步；其次，在 PC 业务还未问鼎市场的同时，联想又进军软件业、家电业和手机业，为自己树立了大批的竞争对手；而最大的错误就是，即使发现了这样的失误，联想却仍然固执地执行了下去。

联想在这次企业转型中，将转型目标定位为“高科技的联想，服务的联想，国际化的联想”，在转型中，联想又以客户价值为导向，对企业内部结构进行调整。这些无疑都是正确的，但联想之所以转型失败，正是源于其对自身定位缺乏清晰精准的认识。

联想的生存基础一直在于计算机拼装业务，虽然随着竞争对手的日渐增多、行业成本的逐渐加大，联想的计算机拼装业务盈利能力也迅速下降，但消费者对于联想的认知定位仍然停留在电脑品牌，这时，联想没有将全部资金用于计算机业务转型升级，打造更高端的计算机产品，而是选择“全线开战”。企业信息产品、消费电子产品、手持设备等业务部的设立，迅速为联想“招揽”了大批的竞争对手，且不谈联想能否在竞争对手的挤压下顺利存活，就论技术含量，联想真的能够在这么多领域形成自己的核心竞争力吗？

答案当然是否定的。联想以“联想走近你，科技走近你”作为转型的宣传语，可这句宣传语在联想的多元化战略下，毫无内涵！企业用户需要的是怎样的联想？手机用户需要的是怎样的联想？计算机用户又需要联想怎样升级？他们的需求是一样的吗？他们的需求没有冲突吗？

联想就是在这样的误区中，在浪费了大量的资源后，却无法达成其转型目的。事实上，联想的转型战略使我们无法看清其目的究竟何在。直到2004年年底，联想宣布收购IBM的全球PC业务时，联想才终于在其高科技转型中走出了关键性的一步，从而在中国乃至世界PC市场上打响了自己的品牌。

由此可见，很多企业并不缺乏转型的物质基础（包括资金、技术、人才等各个具体要素），但企业家却在不知不觉中走进了企业转型的误区，我们必须避免犯这种能够给企业带来不可挽回的影响的错误。为此可以下面几方面为指导。

首先，必须对目标市场有个精准的定位。

很多企业家对目标市场还没有一个精准的定位，就着手进行企业转型，他们通常将企业内部各要素作为转型的重心，他们致力于去降低企业内部成本和提高企业运营效率。这些运营管理层次改善的手段有时确实可以为企业带来明显的效益，但如果没有对市场的精准定位与认识，在发展的过程中，企业转型就会因为缺乏一个明确的方向而导致资源错置和浪费，甚至出现“南辕北辙”的悲剧。

其次，必须促进融合企业与利益相关者。

在如今的市场竞争中，“再也不是企业家一个人在战斗”，我们必须与利益相关者建立有效的衔接，从而集中力量完成转型。无论是市场营销、技术研发、产品生产还是供应链管理，或者是消费者、企业员工，我们都要努力将他们融为一体，寻找各方真正的需求“痛点”，从而避免走入转型误区。

再次，要避免盲从，要根据企业实际进行转型。

有的企业家对比某些跨行业企业转型成功与本企业行业内跨智能转型失败时总是以为是运气或者是执行力之类的问题，这说明他没能把握住转型升级成功背后的几个共同要求：

(1) 转入领域是否存在细分市场需求空白？(2) 转入领域是否是产业链薄弱环节？(3) 转入领域是否存在底端破坏性介入的可能？(4) 转入领域是否存在运营、销售、渠道、资金链方面的优势？没有以上四点优势而贸然跟进的盲从式转型，其成功概率自然差强人意。

最后，企业家必须避免急功近利，而要脚踏实地。

企业家通常在企业转型中表现出一种急功近利的态度，他们急于通过企业转型让企业走出生存危机，从而打造自己的盈利模式。然而，“心急吃不了热豆腐”，企业转型是一个复杂漫长而非“一劳永逸”的过程，我们不可能在企业转型中一蹴而就。急功近利的企业家不会达成转型目标，因为他走出的每一步都没有踏到实处。

企业转型对于企业家而言，风险与机遇并存。在企业转型中，可以说处处是陷阱。企业家如果不想在不转型中“等死”，就要努力规避转型误区，在转型中“找活”。

第四节　华为向高科技进发

经济全球化对于发展中国家而言无疑是一个巨大的挑战，在国内企业尚显稚嫩时，发展成熟的跨国企业已经大批地进入中国市场，想要瓜分这个“香饽饽”。面对这种经济环境，中国企业生存都显困难，更不要说发展了。

在这种生死存亡的时刻——并不是危言耸听，中国企业如果不适应环境变化而进行转型，就必然难逃逐渐衰落并走向死亡的命运。中国企业已经全面进入“被迫转型期”，即使是计算机、电商、网络公司这些新兴行业也面临着转型压力，或裁员、转让、并购、直接关门大吉。

但我们同样发现这样一个情况，在世界企业转型史上，那些曾经占据霸主地位、成为行业领袖的企业，往往在经济环境的转变中“率先”失败。这正是因为企业长期采取的商业模式已经固化，过去成功的模式思维已经成为今天和未来发展的最大绊脚石，企业内部转型阻力之大，使其无法迅速地应对环境变化，甚至抱着“我家大业大，死谁也死不了我”的心态，最后加快了其衰亡的命运。

因此，企业家在发展企业时，不仅要不断强化自己的核心业务，还要时刻保持企业的创新力。在经济的不断变化中，他们必须选择并打造符合经济发展规律的新业务模式，这样才能在核心业务走向衰退时，以新业务的迅速迎合发展来保持企业的发展动力，从而在新陈代谢中可持续发展。这也就是我们所说的，创新力永远是企业的核心竞争力之一。

在中国改革开放的三十多年里，无数中国企业崛起又衰亡，我们很难看到有哪个企业可以屹立三十年不倒的。民营企业更是在艰难困苦中缓慢前行，即使是海尔、联想这样的国际品牌，其每年营业额与三星、戴尔等相比都可谓是天壤之别。

华为可以说是中国民营企业的发展神话。任正非也是在改革开放初期，带着两万元下海经商，开创了华为品牌，经过三十年的发展华为已经成为世界五百强企业之一。

华为在其发展的二十多年间，尽显低调，却几乎没有遇到过什么太大的挫折，这一切都源于华为的创新力。“不创新才是华为最大的风险”，华为总裁任正非如是说。

在华为发展的二十多年中，任正非深刻地体会到了高科技行业的高竞争压力，科学技术的日新月异，使华为时刻保持着自己的创新力。在这一行业，一旦在科技创新上稍有懈怠，企业就会落后于市场，而这样的结局通常就是死亡。

联想以“贸工技”作为企业发展初期的道路，华为同样是走着贸易的路子，但技术一直是华为发展的重中之重。华为对于技术一直坚持着自主研发，其每年投入到科研中的资金，达到华为年销售额的 10%，仅在最近的十年间，华为在科技研发中就投入了超过 1 000 亿元人民币。华为有超过 7 万名员工从事着科研工作，而华为的总员工仅有 15 万人。华为对于高技术人才的招揽力度之大，令人心惊，且其开出的薪资条件通常比很多外资企业都要高上很多。

当然，仅仅是不断的技术创新，我们并不能就将其看作创新力的形成。企业要形成创新力，就不能单纯地为了技术创新而创新。华为的技术研发从来都不是盲目的，市场需要什么，消费者喜欢什么，华为就研发什么。正是这样尊重客户价值的创新之路，使华为形成了自己独特的创新力，从而在不断地自我完善和超越中，创造了奇迹。

任正非从来不会选择模仿、复制成功的市场典范，他对于技术研发的方向具备超凡的前瞻性眼光。在2000年年初，“小灵通”以其廉价的优势迅速打入了中国市场，消费者都愿意花两三百块买一部“小灵通”，中兴、UT斯达康等企业都是趁此机会大赚特赚的。然而，华为在这时却发生了严重的“战略失误”，华为没有投入多少资金在“小灵通”上，而是将庞大的现金流投入到了3G技术的研发当中。但事实证明，3G才是市场发展的趋势，“小灵通”在1997年进入中国市场后，在短短的十年间就迅速被淘汰，而3G已经成为现今移动通信市场的主流。其实，华为在3G在中国尚未发力时，就已经凭着先进的自有技术，在海外市场获得了不小的收益。

华为的成功说明，创新力是企业未来发展的保障，但创新力并不仅仅是技术创新，全方位的创新才是企业维持并提高核心竞争力的最大保障。

首先，企业家要将创新打造为一种制度。

员工在创新中通常表现出很强的被动性，他们不会主动地去改变固有的工作状态。因此，企业家必须打造出一种可行的、明确的创新机制，给予员工创新机会、举办企业创新活动，从而将创新打造为企业的一种文化。只有创新机制的有效形成，企业内各部门才能在良好的沟通中通力协作，企业才能从外部招揽更多的创新型人才、收集更多的创新信息、学习到更多的创新经验。

其次，企业家要对企业实现能力进行创新。

创新的最终目的是提高企业的竞争优势，从而为企业带来更高的收益。因此，我们要对企业的实现能力进行创新，其中包括了模型设计、技术研发、样品实验、批量生产、市场推广等。企业家只有对盈利模式的全过程进行创新，企业才能形成独特的创新力，从而在产品大卖中实现可持续发展。

对于企业发展而言，创新始终是其中最大的动力；对于企业转型而言，创新力是企业转型成功的保证；对于市场竞争而言，创新力是其核心竞争力的必备元素。

第三章

转型创新需强调 3 个关键

第一节　客户价值创新——是否找到你的“利益相关者”

正如之前所说，企业转型需要企业家投入大量的时间、精力、资源，才有机会产生效用。那么这样一来，就有一个问题摆在了企业家面前——企业究竟是否需要转型和创新？

企业家在考虑企业转型时，始终需要认清转型是否能带来企业竞争优势的提升。在当今市场环境下，企业的竞争优势不再停留在资金、规模、资源等元素上，而在于企业对“利益相关者”需求的满足程度。换言之，企业要提升竞争优势，首先要找到自己的“利益相关者”——消费者、竞争对手与合作伙伴。

随着商品经济的飞速发展，消费者的物质需求已经得到了极大的满足，企业家集体进入了其最不愿看到的“买方市场”。在这个年代，企业成功的唯一方法就是不断满足消费者各种各样的消费需求以及这些消费需求背后的“客户价值创新”。

既然消费者的认可度和忠诚度已经成为企业最大的竞争手段，那么我们就要重视消费者的价值，找出对自己最有价值的消费者，去满足其个性化的消费需求。

我们常说，“顾客就是上帝”。但在过去的企业经营中，企业通常站在一个更高的位置，摆出一副“我就这样，爱要不要”的姿态。然而，在这样一个商品经济高度发达的年代，消费者对这家不满意，自然而然地就会去别家消费。企业家要认识到的是，当我们失去一个消费者时，我们失去的将不仅仅是这笔交易所带来的收入，还可能会是这个消费者的社交圈，甚至会是辛苦经营的口碑。

每家企业都有一批固定的消费者，这群消费者是企业的最大利润来源，他们通常已经与企业维持了较长时间的交易关系，企业也对他们的需求有了一定的了解，这就有利于企业提供有针对性的产品或服务。

而当我们说到“物以类聚”时，我们就该想到，在这批“忠诚消费者”的身边，必然存在着与其消费需求相同或者相似的消费者。这就意味着，当这批消费者的消费需求得到很好的满足时，他们身边的朋友也有可能成为我们的忠诚消费者。

这样一个过程就是我们考虑企业转型的现实基础，当我们无法满足“利益相关者”的需求时，就要进行相应的转型和创新，从而维持稳定的利润增长。

全球最大的咖啡品牌——星巴克是1971年成立于西雅图的一家小公司。1986年霍华德·舒尔茨收购星巴克后就着手开启了企业转型计划。2001年，星巴克已经成为全球最大的咖啡零售商、加工厂，其品牌遍布全球四大洲，旗下门店已超过5 000家。

咖啡本来只是一种历史悠久的饮品，但星巴克却将其打造成一种高附加值的品牌。这在当初几乎是难以想象的，试问，哪家中国企业能够卖茶叶卖成星巴克这样呢?

霍华德加入星巴克后，很快捕捉到了咖啡市场的潜在需求。在一次偶然去米兰的途中，他见识到了意大利咖啡的花样繁多，以及意大利人对咖啡如同生活般的热爱。这让他敏锐地感觉到，这与美国人每天五大杯味道寡淡的咖啡生活有着巨大的不同。这两者截然不同的咖啡消费状态，让霍华德看到了潜在的巨大商业机会。

星巴克以它独特的“第三空间”（消费者在生活中除了家、公司以外最常去的第三个地方）经营理念打造出了一个极大的商业机会。这一商业机会就是，改变当时美国人以家庭自制咖啡为主的习惯，营造出古老的欧洲咖啡馆文化。“当时我的想法是，这可以让咖啡店变得高尚浪漫些，但是我没有想到的是，这正符合了人们对舒适、浪漫的社交场所的需求。”

“第三空间”的四大元素：一是浪漫的味道。星巴克的店铺装修具有异国风味，来一杯为美国人并不熟悉的苏门答腊或者玛吉雅朵咖啡，可以为乏味的日子平添几许浪漫。“店内咖啡的煮沸温度和摆放时间，以及店里磨咖啡的声音，我们都认为是星巴克店铺不可缺少的元素；对于质量的苛求，也是品牌营造的一部分。”二是负担得起的奢侈。在每天购买咖啡的人群中，有平民学生，也有外科医生。“平民学生或许无法负担得起奔驰汽车的费用，但是他可以和外科医生一样，每天享受一杯最好的咖啡。”三是众人的绿洲。星巴克倡导，在纷扰不堪的社会中，提供一个静思的环境。店员亲切的微笑和快速的服务绝不会干扰顾客。四是悠闲的交际空间。20 世纪 90 年代，咖啡馆成为美国人中流行的交际场所。有社会学家认为，最主要的原因在于，咖啡馆提供给人们没有威胁感的聚集空间，是家和公司之外的最佳去处。这种非正式的公共场所，让人们有机会暂时脱离家庭和工作的压力。

首先，要为消费者带来价值创新的消费偏好。

消费偏好是消费者产生购买行为的前提，也是消费者付款的原动力。我们要找到对企业品牌有消费偏好的消费者，就必须了解自己所提供的产品或服务对客户带来的价值创新是什么。很多企业并没有回答好这个问题，他们觉得这个问题很多余。我们这里说的“卖什么”并不是指产品，而是指其消费者定位，就比如，你是卖衣服的，但你卖的是时尚？是稳重？还是舒适呢？

其次，我们要找到能给企业带来利润的消费族群。

我们不仅要找出想要买产品或服务的人，还要找出其中有购买力的那部分消费者。消费欲望是消费行为的前提，也是为企业宣传带来很好的舆论效果的推动力量。而企业利润的真正来源在于有购买力的那群消费者。消费欲望是可以培养的，然而，购买力则是消费者的“固定”属性。

最后，客户价值创新是商业行为主旋律。

当我们找出企业的“利益相关者”后，就要根据消费者的年龄、购买力水平、消费习惯等对其进行细分，对他们的信息进行汇总整理，并根据客户真实需求的“痒点”或“痛点”要素进行分类，从而方便我们精准地进行企业转型和创新。

只有在这样系统化的“利益相关者”调查之后，我们才能清晰地认识到“利益相关者”和“客户价值创新”的需求所在和变化趋势，从而决定是否进行转型和创新。

第二节　盈利模式创新——这些人拿什么与你进行利益交换？

当我们了解到“利益相关者”的需求并尽力满足之后，我们就必须清楚从中得到什么？这些人拿什么与你进行利益交换？

可能有些企业家会认为这个问题“很蠢”，做了这么多事，企业家当然是为钱了。

在对这个问题进行分析之前，我们先来对企业的盈利模式进行一定的了解。盈利模式是企业为了在市场竞争中获取优势，而形成的独有的一套可盈利的商务结构和业务结构。

所谓商务结构，是以交易为核心的，包括交易对象、交易内容、交易方式、交易环境、交易竞争对象等在内的系统内容。商务结构是企业内部资源配置的外部对象及目的的反映，是企业能否获取效益的保障。

所谓业务结构，则是以商务结构为基础，企业为了满足商务结构的需求，而从事的科研、采购、营销等内部业务手段。业务结构是企业内部资源整合的具体手段，业务结构的完善程度决定了企业获取效益的效率。

任何企业都会在其生产经营过程中，形成自己的商务结构和业务结构，但并不是每家企业都能以其商务结构和业务结构来实现盈利。也就是说，并不是每个企业的盈利模式都是完备的。

在企业成立初期，很多企业即使形成可盈利的商务结构和业务结构，但大多数企业家由于对其盈利模式缺乏清晰的认识，通常都是在看到盈利效果后，自发地延续其盈利模式，而无法在市场环境变化后，对其盈利模式进行相应的完善，甚至会作出错误的决断，从而改变盈利模式。

随着企业的不断成熟，在剧烈的市场竞争压力下，越来越多的企业家开始对盈利模式进行研究，并随之进行归纳总结，不断调整自身的商务结构和业务结构，以获取持续的竞争优势。

现如今以“销量”、“营业额”数字为经营核心的年代已然远去，取而代之的是以盈利模式为核心的时代。虽然盈利模式的目的仍在于实现持续的盈利，但其核心内涵却在于通过内部资源的整合，让每个“利益相关者”都来为企业盈利作贡献。

这种贡献并不局限于消费者消费行为带来的直观收益，还包括消费者带来的舆论口碑、经销商带来的销售渠道、竞争对手带来的自我改进等。综上可知，我们能否将这些贡献最大化并建立起自己的盈利模式，则是我们在考虑转型和创新时的重要元素。

随着中国互联网技术的发展，互联网传输高速带宽的成本已经微乎其微，这就导致中国互联网行业出现了一种“井喷式”的发展。数不胜数的互联网企业争夺着中国这块“大蛋糕”，而互联网行业呈现出来的无序的竞争局面也促使众多企业家越来越看重盈利模式的创新。

金山作为一家通用软件公司，其在中国扎根立足已久。金山毒霸作为最早出现的国产杀毒软件之一，帮助金山公司迅速打响了知名度。金山毒霸也成为存活时间最长的国产杀毒软件，其能够存活至今并仍然拥有一定的装机量，正在于其盈利模式的不断创新。

通过金山的财务报表我们发现，网游已经成为其最大的收益来源，其公司利润的2/3来源于此。中国的网游市场正在高速发展，几乎每款网游的推出都能带来不小的利润，在中国，玩游戏就必须付费，即使是号称免费的游戏，也能通过其道具销售、会员特权等收费机制来吸引玩家消费。

金山能够在网游市场中占有如此大的份额，无疑有其“网民”基础带来的优势，而这种认可也正是源于金山毒霸、金山词霸等一系列软件的成功。在中国的软件市场上，由于中国“网民”缺乏知识产权意识，很多“网民”都热衷于使用盗版软件，而这样的使用习惯就导致了收费软件在中国互联网市场中无法成功。

如何利用免费软件实现盈利，成为互联网企业的研究重心。金山毒霸就对其盈利模式进行了创新，通过试用版的推出，用户可以免费使用金山毒霸37天，如果认可了这款软件，就可以选择付费，从而享受更全面更持续的软件服务。“产品免费，服务收费”成为金山毒霸新的盈利模式。

企业家必须为自己的企业选择一套合适的盈利模式，然而，没有哪种盈利模式能够适用于所有企业，也没有哪种盈利模式可以保证一直有效。一般来讲，所有成功的盈利模式都有其共性。

首先，企业所提供的产品或服务的价值创新更高。

通过对消费者的消费动机所进行的研究，我们发现消费动机无外乎两种，即生理动机和心理动机。针对消费者的消费动机，我们就可以从产品或服务的价值创新着手。通常来说，产品或服务的价值创新体现在他们为客户带来的需求满足或溢出价值的体验。

其次，成功的盈利模式难以模仿。

一个真正成熟的盈利模式，是竞争对手都知道但却无法模仿的。在现今的商场上任何企业只要稍有成功，其盈利模式就都会被大量的模仿和复制，这就导致很多企业无法凭此获取长期的竞争优势。因此，我们要找出自己盈利模式的与众不同，不论是对消费者的“极致关怀”、企业执行力的“无与伦比”，还是其他的某个元素，我们都要以此建立利润壁垒，来规避竞争对手的恶意模仿。

最后，成功的盈利模式是不断创新的。

大多数企业家都对管理理论有着深入的研究，但随着单纯的“一次性”产品/服务销售的盈利模式逐渐显露出其弊端，企业家要凭其短缺经济时代的思维，对盈利模式进行系统的分析，不断创新企业的盈利模式，从而在转型、创新中实现企业升级。

企业转型升级是为了获取更持久的竞争优势，而竞争优势因素要有足够的壁垒、要能持续长久则需要从盈利模式上去改善，进而实现企业的可持续性盈利。

第三节　合作共赢——获取“1+1>2”的效果

在对企业管理的研究中，我们经常提起亚当·斯密的“经济人”假设，这一假设将每个人都假设为唯利是图的“逐利人”，认为人的所有行为动机都在于获取经济利益的最大化。由于这一假设的大行其道，中国市场中处处充斥着“丛林法则”，很多企业家为了自身的利益不惜牺牲“相关者”的利益。

事实上，这一假设本身具有其局限性，“经济人”假设以享乐主义哲学为基础，由其衍生出来的盈利模式大多是一种以金钱为主的机械模式，忽视了人同时作为“社会人”其主观能动性的积极作用，而使得中国很多企业家们进入一种“疯狂逐利”的状态。

然而，随着社会经济的不断发展和劳动者意识的觉醒，将员工看作单纯的工作机器抑或将客户或消费者看作理性人都不再合适，在设计企业发展战略时，我们更应关注“利益相关者”的需求，在满足其需求中获得自身的发展，达到一种共赢。

在市场竞争越发激烈的今天，企业家想要单靠一己之力打出一片市场几乎是不可能的。越来越多的企业开始合纵连横，组成企业联盟，或打造合作平台，这都是为了在取长补短的情况下，以一种共赢的交易模式取得整体的发展。

合作共赢越来越成为市场经济的一种趋势。由于市场竞争的激烈性，任何企业都不可能占有所需的所有资源。而资源的分散性就促使企业间开展合作，以资源整合的形式，获取“1 +1 >2”的效果。

合作是企业间走向共赢的基础，而企业的交易模式能否达成共赢，则要看其盈利模式设计是否有效。盈利模式设计的内容囊括了企业内部以及外部的经营活动，是一种对内部价值链的设计，也是企业与外部关系的商业协调机制。

作为最早提出并实践云计算的企业，IBM 已经在企业转型中，将云计算作为其主要利润的增长点。在 2011—2012 年的一年间，IBM 依靠云计算实现的收入上涨了 80%。由此 IBM 更将其 2015 年的云收入预计为 70 亿美元。

而 IBM 依靠云计算实现效益，正是基于与众多企业的合作，通过帮助企业建立其私有的云项目，从而以自身的技术优势为客户提供全面的解决方案组合。

云计算虽然被认为是大数据时代的基础力量之一，然而，很多企业仍然没有认识到云计算与信息化转型密不可分的关系——云计算不仅能为企业提供强大的计算能力，还能帮助企业快速转型、创新。IBM 在推出“云合作”之后，以多样、灵活、方便的交易模式，快速赢得了部分有预见性的企业家的青睐。

中国作为世界上最大的新兴市场，IBM 自然不会放弃这块“大蛋糕”。IBM 不仅与中国多地政府机构展开合作，帮助地方政府打造融合了区域优势的云平台，为当地市场管理和城市管理带来便利，还帮助国内多个企业开发了云项目，比如，电信的健康云项目，宁波物流的云计算项目，杭州世导、软通动力等企业的云项目等。

宁波某科技公司就在这一合作中获得了有效的转型发展。其技术副总裁对此介绍道："作为全球领先的云计算技术与解决方案提供商，IBM 的技术优势与其服务理念令人满意，而且其前瞻性的市场眼光也为企业转型开拓了眼界。在与 IBM 的深入合作中，我们的云服务能力不断提高，物流管理能力得到了极大的提升，甚至宁波的物流产业都在其推动下实现了跨越式的发展。"

云计算的成功并不是依靠某个或某些企业的努力实现的，其飞速发展其实是基于"云生态系统"的不断完善，在这一系统中，政府、行业、企业等都扮演着重要的角色。在这种发展环境下，没有合作共赢的精神，IBM 就不可能在 IT 产业整体转型中，抓住先机，获得最大的效益。

软通动力某高管表示："没有与 IBM 的长期合作关系，我们就没有这样的技术基础，着手打造中国市场的云平台，也不可能在为客户提供各种创新性的服务中，获得运营成本的有效降低。"

合作共赢已经成为当今企业走向成功的必然选择，企业家想要在企业转型中跟上时代潮流，就要在其战略与盈利模式设计中充分融入这一概念。

首先，企业家必须明确企业的核心定位。

在细分化市场的环境下，企业家必须保障在企业转型中有精准的价值主张和目标定位，这样企业才能在与利益相关者的合作中获得有效的资源配置。企业家必须对企业有精准的定位，企业如今的状态是怎样的？企业的赢利项目是哪些？企业应该向什么方向发展？企业获取自愿的渠道有哪些？企业的盈利点有哪些？企业是否处于价值曲线的利润高地？这些都是企业家在着手战略目标与商业模式转型之前必须明确的问题。

其次，企业战略规划必须要着眼于未来。

企业的发展战略是企业家为企业划定的一个大方向，这就要求企业家不得不关注市场的发展趋势。若企业战略与市场未来需求相悖，企业就不可能实现成功。而企业家在对未来观察时，必然已经对企业有了明确的定位，这样才能结合世界市场的变化、科学技术的发展、消费模式的转变等要素设计出一套共赢的盈利模式。

最后，企业家必须设计出共赢的盈利模式。

对立性的竞争已经不适合当今的市场环境，我们要把每个“利益相关者”打造成自己的合作伙伴。整合企业产业链、与竞争对手结盟、激励员工奋斗、满足消费者需求等，这些都是共赢交易模式的重要元素，我们在设计盈利模式时，要主动地去学习成功企业的经验，以“利益相关者”的需求为先，这样一来，他们自然会为企业的发展作出各自的贡献。

企业家在考虑企业转型和创新时，都会疑惑这样的付出是否值得。但企业转型已经成为市场发展的大势所趋，企业家要考虑的是：转型目标在哪儿？转型突破点有哪些？企业目前处在价值链的哪个环节？如何获取利润价值的高地？又要以怎样的力度、怎样的方式实现转型升级与盈利模式的创新？

第四章

中国企业转型创新的路径

第一节　走出传统商业模式的误区

在我国的大多企业中，商业模式通常是自发形成的，企业家很少会主动地、有计划地或者说自觉地打造自己的商业模式。在传统的商业模式中，由于企业家缺乏对市场的彻底分析和对自身的清晰认识，故而踏入依赖单纯产品或服务竞争的低层次商业模式的误区中。

伴随着市场竞争的加剧，企业家出于自身成长的需求，必然会选择走向转型和创新，而盈利模式正是其中的核心要素。

但由于商品的同质化日益严重，在中国几乎已经不存在真正空白的市场供企业家大展手脚。而要与其他企业进行竞争，就要避免这种同质化的发生，哪怕是与竞争对手生产一样的产品，但在细节、服务或其他方面，企业一定要找出自己的特别之处，以形成区分。

比如，化妆品市场的中草药产品、饮料市场的运动饮料、服装市场的定制化服装等，这些手段都是在细节上形成差异，从而为企业开拓细分市场的蓝海。

除了同质化这一市场普遍存在的问题外，很多企业家在创业初期就缺乏对企业的准确定位。商业模式其实说到底是一种企业文化的传递，通过商业模式的完善，消费者可以认识到企业文化和品牌精神，从而对企业及其产品产生认可。因此说，如果企业没有一个准确的定位，其商业模式也会少了“灵魂”。

很多企业家深知，品牌的力量在时下已达到了一个惊人的地步。对此他们的举措就是投入大量的资源来做营销宣传，但最终由于很多企业的营销策划缺乏定位，而无法产生预期的效果。

其实，所谓企业定位，就是对细分目标市场、目标消费者、企业自身条件等因素形成准确的认知，从而在企业存在优势地位的细分市场中，针对目标消费者来设计能为其带来价值创新的商业模式。

但理论说得太多，企业家们反而忽视了实际操作性的相关问题。“环保”、“节能”、“国际”等词汇在时下都十分流行，企业家们都会在自己的发展战略或是商业模式中添加这样的词汇。可具体要怎么做？怎么将这些概念转化为落地实操的商业模式优势？企业家们大都没有一个细致的考虑。这也就造成了企业家们在试图走出商业模式的误区时，由于盲目追求“概念”，以致“走得太高”，而无法脚踏实地的状况。

随着大数据时代的到来，互联网技术的迅猛发展和普及度的急剧提升，使得每个企业都想要到互联网中去“分一杯羹”。新闻媒体作为与群众最接近的产业，自然也急切地想要将自己的商业模式与互联网融合起来，这也是新闻网站在近几年如雨后春笋般冒出来的原因。

对这些新闻网站进行深入研究时就会发现，这些由传统新闻媒体所创办的网站大多只能勉强维持生计，甚至很多还处于连年亏损的状态。之所以会出现这种状况，就是因为其商业盈利模式的转型实质是一种“虚假”的，说到底只是运作手段的一种转变。

在传统的新闻媒体行业中，形成盈利的最主要手段就是“卖广告”，这几乎已经成为新闻媒体业的最基本的商业模式。由于新闻媒体对于传统传播渠道的垄断，致使商家在做营销宣传时就只有为数不多的选择，这也是“卖广告”能够这么赚钱的原因。

在互联网领域，传统新闻媒体企业想要以“卖广告”为生，基本原因是对互联网没有一个清晰的认识。在互联网中，网络广告的计费标准与传统广告有着极大的不同，传统广告是以广播电视的收视、收听率或报纸杂志发行量为基准，而在网络广告的计费公式中，广告展示量、广告点击量、广告到达率、广告二跳率、广告转化率等新词汇都让传统媒体感到无所适从。

最关键的一点则是，互联网中存在的网站、社区不仅数量繁多且多种多样，相对于综合性的传统新闻网站具有更大的便捷优势，从中商家完全可以找到更专业、点击率更高的网站，这样商家就可以真正地直击目标消费者，而不用在无差别宣传中“撞大运”。

面对网络广告难卖的现实，很多新闻媒体网站都开始寻找新的、有效的商业模式。收费模式开始进入传统媒体企业的视野。

美国纽约时报很早就创办了自己的网站，为了将自己塑造为互联网领域的“媒体巨人”，纽约时报网站决定在其“时报精选”栏目进行收费浏览。纽约时报认为，“时报精选”作为纽约时报的“精华融合”，大众会乐于花费不多的钱，像订阅报刊一样订阅一份电子版读物。但在其采取收费的两年间，稀少的订阅量、低下的点击率都让纽约时报感到头疼，随之而来的广告收入锐减，使纽约时报不得不放弃“浏览收费”的盈利模式，而于2007年9月停止了对“时报精选”的收费。

《人民日报》作为中国的报刊业的巨头，其在新闻网站的建设中，同样尝试了这一商业模式，最终也以失败告终。在2010年1月1日，《人民日报》正式对其电子版进行全面收费。仅仅两个月零四天之后的2010年3月5日，《人民日报》就宣布对电子版收费进行调整，也就是对《人民日报》（数字版）前四个版面取消收费。

企业家们要想走出传统商业模式的误区，就要根植于对现有商业模式的清晰认识和对市场的充分了解来实现商业模式的整体转型。

首先，必须做一次彻底的市场调查。

不去了解市场，企业家就不可能从市场中获取盈利。而在商业模式转型中，企业家必须对市场环境有个清晰的认识：目标消费者在哪儿？其消费者水平如何？消费习惯怎样？竞争对手是谁？其竞争优势在哪儿？劣势又在哪儿？付费方是谁？对于这些问题的明确，是企业商业模式转型的基础。

其次，要对企业自身有个清晰的认识。

想要获得市场竞争的胜利，企业家就必须了解自己有什么优势和劣势。这样才能在商业模式的设计中，实现扬长避短。而在对自身有了清晰的认识之后，企业家就能寻找差异化竞争的契机，以差异化的模式、服务、产品去谋取细分市场的“霸主”地位。

传统商业模式在时下已经难以奏效，市场环境的快速变化，这一现实要求企业走出传统商业模式的误区，与移动互联、大数据时代相结合。

第二节　思维不能只停留在“如何赚钱”上

所谓盈利模式，就是企业在与利益相关者的合作中，对收入、成本进行合理的分配，从而获得相应的利润。

但很多企业家对盈利模式的理解都停留在“如何赚钱”上，这无疑是片面的，由此而来的“盈利模式”只能被称为“获利模式”。美国最知名的“创业孵化器”Y Combinator 的创始人保罗·格雷厄姆，就曾告诫其投资的创业者，“不要单纯地去考虑怎么赚钱，而要考虑怎么创造出伟大的产品或服务”。这里所提及的“伟大的产品或服务”就是盈利模式的展现形式。

真正的盈利模式，不仅包括扩大收入、增加利润等内容，还包括对各利益相关者的考虑——如何为客户创造价值？如何为价值链其他环节创造价值？只有价值链的整体上升，才能为企业扩大客户群，从而建立并维持竞争优势。真正的盈利模式是一种可持续的、共赢的盈利模式。

企业家在企业开创后，首先会考虑怎么去实现收入，从而创造盈利。当然，在企业初创期，由于投入了诸如购置固定资产、房租、原料等方面的大额开业成本，企业基本都处于一种亏损的状态。正当此时，如何设置盈利点，实现低成本高收入；如何建立并最终形成利润壁垒，从而占领利润池区域的高地；如何实现盈利模式的短周期运转，这些问题都是在初期阶段要解决的。

真正行之有效的盈利模式在于价值链各环节形成业务伙伴关系与利益共同体，如果每个环节都想要实现自己的盈利最大化，那么这必然会损害其他环节的利益。团购网站从诞生后虽然发展迅速，但“钱景”不甚明了，最主要的问题是商家提供的产品或服务与团购承诺不同，这正缘于团购网站给出的“超低价格”压榨了商家的利润，最终商家除了得到“叫好不叫利”的“场面火爆”之外，并未实现应有的盈利。利益的冲突必然导致双方发展的滑坡，因此，共赢才是盈利模式的必由之路。

而价值增加需求要从消费者着手。企业能实现多大的收入，关键就在于产品或服务有怎样的价值创新。这里的价值更多地体现在对消费者需求的满足上，只有能够真正满足消费者需求的产品或服务，才可以算作有价值。而当今市场竞争的核心内涵也就是价值竞争，谁的产品或服务提供的价值增值更高，谁就更被消费者所青睐，进而获得“增值溢价”。

阿里巴巴的商业盈利模式为众多中国企业家所称道，其商业盈利模式虽难以模仿，但并不妨碍我们从中学习、借鉴有利的经验。

马云在 1998 年开创了阿里巴巴，当时其手中攥着的仅有五万元，而面对的竞争者却是瀛海威这样的互联网先锋企业。瀛海威比阿里巴巴要“年长三岁”，其采用的是堪称美国成功模式的美国 AOL 的收费入网模式，但马云却采用了免费入网的模式，这样一个初创的小企业敢于直面几年内的亏损，其魄力着实令人叹服。尤其是瀛海威已经以收费模式运行了三年，市场对于入网收费已经习以为常。然而，阿里巴巴也正是凭借其免费入网的优势，在短期内积累了大量的客户基础。

在 1998 年到 2001 年间，阿里巴巴几乎都是维持着微薄的收入。2001 年互联网寒冬的到来，使整个互联网行业都遭受了巨大的打击。马云在当时对企业员工说了这样一句话，“今天是很残酷，明天更残酷，后天很美好，但是很多人都看不到后天，因为他们死在明天的晚上”。事实证明，马云和他的阿里巴巴确实看到了后天的美好。

互联网行业在寒冬之后，企业所面临的是市场重建的状况，这对于阿里巴巴而言无疑是一次占据市场霸主地位的契机。2002 年，马云开启了中国互联网的企业诚信认证业务。这种业务在国外可以说是没有市场的，因为国外契约精神的普及，诚信并不是问题。但在市场经济刚刚起步的中国，不少企业“唯利是图”，信任成为中国企业合作发展的巨大问题。马云正是利用这一点，基于其初期积累的庞大客户群基础，而开创了这种“信用评级”的业务，阿里巴巴正式进入盈利的快车道。2002 年，马云给企业员工定下了这样的年度目标——“一年赚一块钱”！且不论其 2002 年的收入几何，阿里巴巴在 2003 年的营业额已经达到了 100 万元！而到了今天，诚信认证业务为阿里巴巴带来的收入是以每年几千万元的速度增长的。

在阿里巴巴成立和发展的十余年间，其企业会员数已经将近一千万，其中除了七百多万家中国企业外，更有两百多万家国外企业。以此为基础，阿里巴巴的电子商务发展迅猛，海外代购业务也使其成为进出口企业的原料供应商，眼下，马云又策划进入物流行业。我们可以想见，在未来相当长的一段时间内，阿里巴巴的“巨头”地位都不会产生动摇。

马云的成功、阿里巴巴的成功都有着极强的难以复制性，这也是一个真正的盈利模式所应达到的效果，只有难以复制，才能为企业带来可持续的市场竞争力。那么，如何能达到这样的效果呢？

首先，必须转变“单纯产品或服务销售”的盈利模式。

很多企业已经习惯把盈利基础停留在“单纯产品或服务销售”上，这种短视的、不能带来持续利润点的盈利模式或许会为企业带来短期内的效益，但从长远来看，在“免费模式”正在形成并逐渐成为商业主流的今天，那样的企业必然会被价值链、消费者、市场所抛弃。第三方付费等赢利模式已经成为时下的必要元素。

其次，必须更多地关注企业的盈利模式创新及壁垒。

产品和服务作为企业盈利的最终载体，是为消费者创造价值的来源。真正的盈利模式必然是以产品和服务为核心的，这就要求企业必须保证产品和服务的质量。在此基础上设置多个盈利点并寻求产业链的“利润高地”，通过商业模式的手段形成利润壁垒是当前急需解决的问题。

综上可知，盈利模式是企业持续运营的经济保障，真正的盈利模式是让企业家以一种开放、合作、共享的心态，为各利益相关者创造增值价值进而实现共赢的盈利模式。

第三节　抓住创新本质：盈利模式创新

通过前文所述，我们已经知道一个真正的商业盈利模式对于企业发展的重要性。在认识到了商业盈利模式对企业成功的决定性力量之后，我们就应该了解到，所谓企业创新其实也就是商业盈利模式的创新。

在中国，年满十八岁几乎都可以办企业，但能实现盈利的又有多少？中国民营企业平均寿命不足三年，这是因为企业家在创业之初，所选择的盈利模式就是错误的，从而导致无法实现基本的存活。

盈利模式的选择对企业而言至关重要。我国大多数制造加工企业辛辛苦苦工作，却只能赚取微薄的利润，但不少实现盈利模式创新的企业却也在制造加工之后打响了品牌，成为中国市场的主导者，在世界市场也有了立足之地。不得不说这是盈利模式创新的作用。

“利润＝收入－成本”是企业盈利模式的基本公式，无论怎么创新，我们都不会脱离这样一个公式。因此，增加收入和缩减成本就成了盈利模式创新的重点。

在传统盈利模式中，我们通常将成本作为一个不变量，而以市场为主导，通过增加销量或是提高价格，来获取更多的收入，从而赚取更多的利润。而在创新的盈利模式中，我们不妨换一种角度来思考这个公式，既然收入是由市场决定的，市场需求决定了销量和价格，而客户价值增值所带来的市场需求往往起到更为关键的影响。那么，企业家可以控制的就只有成本这个要素了。这里的成本削减并不是要对供应商、经销商等环节的利益加以压榨，而是一种根本性的总成本削减。

比如，某汽车公司对于汽车生产成本进行了详细的分解，直到每个零部件。这个部件今年要一百元的制造成本，那么明年就降低到八十元。怎么做？提高工艺以缩减工作用时，增强沟通以提高工作效率，这样做并不会损害其他环节的利益，相反，这样的做法可以带来价值链的整体进步。

很多成功的盈利模式创新，都是以削减成本为手段，而成本削减的一个有效手段就是通过盈利模式的创新实现新的价值增值和改善空间，使企业向价值链增值环节转移，通过整合产业链与供应链管理来实现共赢。

金融危机的到来使中国出口加工业面临着盈利模式的创新压力。玩具行业作为中国制造出口的一个重要门类，其在近几年同样陷入了困境——针对国际市场的玩具卖不出去，如此庞大的库存中国市场又消化不了。在这样的市场环境下，荣骏玩具却在四年间发展成为集设计、开发、生产及销售为一体的综合性玩具企业，成为行业萧条下的一抹新绿。当我们走进荣骏办公楼时首先看到的是"英国 BBC 中国战略合作伙伴"的标牌，这是荣骏在 2012 年 5 月与英国广播公司 BBC《小鸟 3 号》的合作成果。这不禁让人疑惑：玩具是怎么和广播公司开展合作的呢？

这就不得不提及荣骏创新性的盈利模式了——"动漫作品 + 主题玩具"。荣骏玩具的玩具种类包括遥控、电动、惯性、军事、人物、运动等，但其相应的玩具产品却与市场上千篇一律的玩具有着明显的差别，那就是其所具有的动漫主题的特色。

荣骏在 2008 年 9 月注册了自己的商标，但当时的荣骏却在商业盈利模式的问题上陷入了困惑。中国玩具商太多，激烈的市场竞争使中国玩具价格整体处于较低水平，荣骏开始考虑如何降低自己的成本。而对于初创的荣骏来说，首先面临的一个大问题就是如何将品牌宣传出去，宣传成本可以说是每个企业都不可逃避的一大笔支出。

荣骏看到了在美国、日本等发达地区发展迅猛的动漫玩具，而中国的动漫玩具市场几乎还是一片空白。于是，荣骏开始寻求动漫作品进行合作，直到2012年，荣骏与英国广播公司BBC《小鸟3号》达成了合作共识。

BBC是国际幼教动漫市场的一大巨头，其幼教动画一直以安全、健康的主题内容而为全球消费者所称道，源于此，全球市场对BBC这一品牌都非常认可。荣骏正是认识到了这一点，从而积极争取与BBC《小鸟3号》的合作。

事实上，这一合作计划也确实为荣骏带来了发展的契机，荣骏借助《小鸟3号》的国际市场知名度，迅速进入国际玩具市场，其玩具产品也得以在玩具行业萧条的情况下，走向欧美甚至是南美、中东等地。

创新是每个企业进行转型时无法规避的问题，模仿跟风并不会带来企业真正的转型。要实现真正的转型，创新的一大关键环节正是盈利模式的创新。一般情况下，盈利模式的创新要做到以下两方面。

首先，必须合理自我定位。

盈利模式成功的一大要素是差异化，在同质化日益严重的市场环境下，实现企业产品和服务的差异化是获取竞争优势的有效手段。那么，要实现差异化的创新转型，企业家就要对自身有个合理的定位。对如何实现自身与市场的差异化，以使企业在盈利模式中增加盈利点要从品牌、消费者、产品、服务等各个角度去思考。

其次，必须懂得整合资源。

企业家要整合资源，就要找到合作机会、提供服务、提升价值、开发市场……通过对产业链潜在价值的充分挖掘，在产业链内形成集聚效应。资源的充分整合不仅可以为企业带来成本的最优化，还能实现整条产业链的成功。

创新的核心是盈利模式的创新，盈利模式贯穿了企业经营的所有要素，也包含了产业链的各个环节，盈利模式的创新并不是一件易事，企业家们需要对此加以足够的重视。

第四节　化危为机：由“中国制造”转向“中国创造”

金融危机对世界各个国家都造成了重大的冲击，中国市场也不可避免地集体陷入了寒冬。为了抑制金融危机对中国新兴市场的影响扩大化，政府制定了四万亿元的投资计划。

但我们可以看到，这四万亿元虽然让中国市场暂时躲过了金融危机的冲击，但较为严重的投资过度、产能剩余等问题又引发了严重的失业问题。

相比于中国市场的困境，国际市场同样受挫严重。希腊的国家破产，随时可能退出欧盟区；美国消费信心多次下滑，多个州政府面临破产……

对于中国市场经济而言，这无疑是最大的一次危机，而有“危”就有“机”，我们要用辩证的眼光来看。市场的剧烈变化和萧条，使中国企业的转型创新进入了困境，而同时金融危机对世界市场的重大冲击，也成了中国企业在“重新洗牌”中提升地位的契机。

众所周知，“世界工厂”的三十年使中国成为新兴市场的一个奇迹。而在如今内外交困的经济环境下，我们是否可以通过转型创新，由“中国制造”转向“中国创造”，从而开创另一个奇迹的三十年呢？

“老庙黄金给您带来好运气”，这是老庙黄金这一品牌的宣传语，老庙正是在中国珠宝市场整体下滑的今天，以其转型升级而抓住了企业发展的契机。

老庙的转型创新以明确的企业文化定位为先。中国消费者素来就有黄金能够“辟邪求福”的观念，而老庙也正是瞄准了国内市场的这一传统文化，而将其文化定位为“好运”与“经典”，并从企业标识、营销宣传、产品设计、服务特色等各方面融入这一文化特征。在邀请了香港凤凰卫视美女主播沈星作为形象代言人之后，老庙“经典”的企业文化也随着沈星知性婉约的形象而变得更加具体。

虽为“传统”的珠宝企业但在企业管理中却从来不落后于时代潮流。老庙从很早以前就引进了信息系统，从而为企业的信息收集、处理、分析带来便利。2012 年又进行了一次大规模的信息系统改造工程，将原本单纯的供应链管理与产品管理、财务管理、企业管理等内容融为一体，从而使企业运营效率大幅提升。其信息系统在国内珠宝行业堪称顶尖，可以说是国内珠宝行业最完善、最全面的一套信息系统。

然而，与其信息系统的顶尖地位不同的是，老庙在中国珠宝市场中只处于中端水平，同时面临着国际高端品牌和国内低端品牌的挤压，生存发展环境可谓艰难。因此，为了应对这一困境，老庙着手进行了产品结构的调整，最终以多元化金字塔形的产品为企业带来了更多的发展机会。

在 2012 年，老庙黄金成立了上海老庙钟表有限公司，而老庙钟表的目标市场初始定位即是高端市场。老庙的计划正是，通过老庙黄金现有的市场知名度，为老庙钟表迅速打开市场；通过老庙钟表在高端市场的成功，帮助老庙黄金进军高端市场。而今这样的互补性成长已经初见成效，而其未来也必然可以实现更好的效果。

老庙的转型创新不仅仅是停留在产品、营销和制度上，其对于“人”的因素也进行了充分的考虑。为了提高企业的人才优势，吸引更多的优秀人才，老庙与国内多家猎头公司和高校展开了合作，以期在吸引市场成熟人才的同时，为老庙添加更具活力的新生力量。

在这样完善的企业转型创新计划中，我们有理由相信老庙黄金可以突破眼下的困境，把握企业发展的契机，在中国珠宝市场上绽放华光异彩。

企业家们不能只看到眼下的困境，更应看到其中隐藏的机会。转型创新并不是企业的“寻死”之道，而是企业获取新生、迅速发展的重大契机。为此，企业家们必须从以下方面加强认识。

首先，必须认识到转型创新的必要性和重要性。

对于中国企业而言，转型创新是不可避免的发展环节。如今的中国企业，面临着从国际到国内乃至企业自身的发展困境，不转型、不创新，企业必死无疑。而转型创新并不是企业“加速死亡”的选择，而是一种“破而后立”的过程。大部分中国企业现有盈利模式已经无法为企业带来更多的利润，转型创新可以让企业以一种崭新的姿态获得更广阔的发展空间。

其次，必须注重转型创新的科学性和全面性。

转型创新并不是一定就能成功的，盲目的转型创新或许可以为企业带来短暂的发展，但也可能真的造成企业的“加速死亡”。我们必须对市场和企业作一个全面的分析，从而制定出一套科学的转型创新计划。转型创新也并不只局限于某一环节，往往会“牵一发而动全身”，因此，我们要制定一个全面的计划，从而避免在转型创新过程中处于被动的地位。

总之，在中国企业的转型创新中，困境与契机并存，我们要对此有个深刻的认识，从而在突破困境、把握契机中，攀登上一个新高峰。

第五节　渐进式成长，转型不可“毕其功于一役”

很多企业家都对转型创新存在很大的“奢望”，他们认为，既然我面临着那么大的转型风险而做出了这么多的付出，那么，作为回报，转型创新的成果就必然足够大，甚至大到可以“永久性”地维持竞争优势。

当然，有的企业确实在一次转型创新中就取得了较大的效果，实现了较长时期的稳步增长。但其付出的代价同样是巨大的，为了实现这样的成果，他们往往需要在短时间内对企业进行全方面变革。这种转型其实是很罕见的，要论起实例，我们倒可以从苏联解体和东欧剧变中看到一些影子，但这种“休克疗法”，大多数企业家都是不愿意采取的。

也正是基于此种原因，所以我们需要对转型创新有个清晰的认识：企业转型创新是一个渐进性的成长过程，“毕其功于一役”是一个不现实的奢望。转型创新是为了实现企业生存能力的增强和竞争优势的提升，而其中的一个基本前提就是维持企业运营的稳定。

为了实现一种平稳的过渡，企业家就应当在逐步的转型创新中，实现企业的渐进式成长。然而，很多中国企业家却热衷于在企业内部高度集权，以一种“独裁”的方式对企业运营的各个方面作出决策。他们虽然野心颇大，但却毫无耐心，总是想要在短期内实现类似“赶英超美”的计划，但最终也只能是在“大炼钢铁式”的“大跃进”中赢得短期的营业额增长，而这种营业额往往也是虚拟不可持续的。

企业家既没有魄力实行“休克式”的转型创新策略，又想尽快实现某个“伟大”的目标。这种状态最终的结果就是导致企业整体“向钱看”，陷入一种浮躁的发展态势。而这种浮躁又带来企业员工和部门间的责任缺失，在看不到企业更远的发展空间的情况下，人才就会频繁跳槽以实现自己的工作需求，而不会在意企业的利益。

其实，国内企业家可以和国外企业家多对比，来找出自身的不足。国外知名企业在进入中国市场后往往十分低调，他们几乎是一步一个脚印的，先在东部沿海地区扎根，适应了中国市场环境并作出相应转型创新后，再以此为核心向中西部地区辐射发展，最终在成熟的管理机制和因地制宜的发展战略中，逐步“吞食”中国的市场份额。而中国的企业家们往往盲目地追求企业财务数字的高数增长，却忽视了企业定位、商业模式创新、品牌文化、经营理念、管理制度等可持续性的发展要素。

浙江省50%的沙发出口企业都落户于海宁市，海宁市的轻纺工业相当发达，其支柱产业正是皮革、家纺、经编，沙发作为其延伸产品自然获得了极大的发展。在2011年，海宁就有18家“千万元”家具企业，他们每年的营业额并不是1000万元人民币，而是美元！

但随着新兴产业的高速发展，高科技越来越成为消费者所追求的产品元素。作为传统家具的沙发同样面临着这一难题，如何实现企业的科技化转型创新，成为沙发制造业面临的转型难点。

海宁金郑家具有限公司是海宁18家“千万元户”的一分子，其总裁郑筠在考虑沙发制造业的转型创新问题时，始终坚持着一个原则，那就是采取渐进式的转型创新，在现有资金、规模、市场的基础上，以“微创新”的方式帮助企业在一个个渐进点中实现平稳过渡。

“微创新”并不只是对产品和服务质量进行提升，它包含了生产、管理、营销、物流等各个环节，通过持续而全面地挖掘每个转型创新的细微机会，来达到各个环节的平稳过渡。

起初，郑筠也是以产品结构调整和资源整合为企业转型主题，但沙发产业的成熟使得金郑家具并没有由此达到预期的效果。

于是，郑筠开始参考世界家具企业的成功经验，并对国外成熟的家具市场进行调查。郑筠发现，整体家具在欧美发达国家已经相当流行。而中国又一直以一种较高的速度与世界市场实现着接轨，整体家具也必然会成为中国家具市场的更优选择。

金郑家具在当时已经发展到了一个较高的程度，其产能充足，资金流更是绰绰有余，设计团队也处于中国家具市场的领先地位。郑筠便以此为基础，在2010年9月，开创了“卡乐弗”这一旗下品牌，其品牌核心产品正是以健康为主题的整体家具。

在维持传统家具产业运营的同时，金郑家具开始在整体家具市场发力。金郑家具已有的家具市场优势地位，无疑为“卡乐弗”的发展提供了极大的便利。在“卡乐弗”的形象展厅中，我们每走过一道门就进入了另一种风格的居室，卧室、客厅、厨房都各有特色，有中国经典、有日式榻榻米、有欧式简约……郑筠在对“卡乐弗”进行介绍时，十分骄傲地说道：“我们现在可以提供的整体家具风格已经超过50种，虽然我们的主打产品是棉麻质家具，但根据消费者的需求不同，我们也会为其专门设计出合适的整体家具。”“整体解决方案”式的转型使该公司的盈利模式创新获得了成功。

从种种的成功案例中我们可以看到，转型创新不是一次性的，也不是单一性的，这就要求我们要以更加全面的转型方案，在持续的创新中实现企业的稳步增长。

首先，必须在转型中避免浮躁的情绪。

企业的转型创新是一个相当复杂的过程，其涉及企业运营的方方面面，而在方案实施中，企业家又需要根据实际效果和市场变化而对其作出调整和完善。“休克疗法”对于每个企业家而言都是难以接受的，其过程的痛苦和结果的风险让企业家们望而却步。既然“心急吃不了热豆腐”，那么，企业家们就应避免浮躁，稳扎稳打。

其次，必须抓住消费者的消费偏好。

企业的产品和服务不可能做到尽善尽美，那么，我们在企业转型创新中就要抓住一个重点，那就是消费者的消费偏好。只要消费者喜欢，产品或服务就是成功的，企业的商业盈利模式自然也就发挥了其应有的效用。既然消费者需求是不断变化的，企业的转型创新计划自然也要相应的调整。

市场的瞬息万变、转型创新的复杂，企业以渐进式的方式实现成长。企业家想要“一步登天”几乎不可能，而即使登上了，也可能只是昨天的“天”。

第六节　在转型创新过程中遵循商道逻辑

谈到商道逻辑，可能很多企业家都会觉得这个词很生疏，的确，这个词听起来显得很高深。但要真解释起来，倒也简单。商道自然是企业家们的经商之道，也就是所谓的经商方法，而这里的逻辑就是企业的经营规律。也就是说，企业家们在转型创新中，必须遵循商道逻辑，即遵循企业的经营规律。

企业是商品的生产者和经营者，那么，企业在经营中自然要遵循商品经济的规律。而说起商品经济的规律，我们又必然要提到价值规律，因为价值规律是商品经济的基本规律。

在价值规律中，商品的价值是由社会必要劳动时间决定的，企业根据商品价值与市场进行相对等价的交换。也就是说，行业平均生产这个饰品要十分钟，这十分钟等于十块钱，那么这个饰品的价值就是十块钱。接下来，企业自然就可以把这个饰品拿到市场上去卖，大家都卖十一块钱，你卖九块，你虽亏本了，但愿意买的人肯定更多。由此而论，如果你技术好，生产这个饰品只要五分钟，那这个饰品的实际价值就只有五块钱，也就是实际销售成本只有五块钱，你卖九块，买的人多了你也就赚得多了。

这只是我们举的一个相当抽象的例子，但我们在企业的转型创新中必然无法规避这一规律发挥的作用。转型创新的直接目的是提高企业的核心竞争力，根本目的是增加企业的利润。从传统意义上而言，其手段说到底也就是怎么把十块钱缩减到五块钱甚至更低的方法。

随着产业链的成熟，成本的削减必然会到达一种“削无可削”的地步，企业家若想取得更大的收入，就只能提高产品或服务的价值，从而在等价交换中提高价格。同样以饰品为例来说，批量化的饰品只能卖到十块钱的价格，随着产业链的成熟，企业或许可以将自己的成本降低到四块，但它的社会必要劳动时间可能就只有五分钟了。这时，我们不妨以自身成熟的生产工艺为基础，生产定制化的饰品，虽然成本会有所上升，也许是五块钱，但由于在市场上占据先机，我们仍可以再次将售价提升到七八块钱。虽然价格相差不多，但对于消费者而言，差异化的商品却更具价值，这就是商道逻辑在时下的创新之道。

因此，当我们将商道逻辑与创新精神相结合时，就会发现，在当今商品同质化程度极高的情况下，以差异化的商品来挖掘消费者未被满足的需求，就能取得更加明显的成效。

蛋糕店和火锅店在每个城市都几乎已经“烂大街”了。但 85 度 C 和海底捞却能够从中脱颖而出，占据牢不可破的竞争优势，这无疑在于其商道逻辑的成功性。二者对消费者未被满足的需求的挖掘之深，令人惊叹。

无论是蛋糕店还是火锅店也都面临着同样的市场困境，消费者越来越挑剔、员工越来越难管理、生产工艺无从突破、利润被大幅压缩，但在这样的市场环境下，85 度 C 和海底捞却能够让消费者趋之若鹜，实在羡煞同行。

二者虽然在差异化经营的具体方式上有所差异，但其都是以商道逻辑为基础来为消费者创造更大的价值的。

85 度 C 正是以其高品牌附加值为产品实现增值。在门店的开设中，85 度 C 都会与物业业主开展合作，吸引业主入股，从而在核心商圈或是交通枢纽等最佳位置开设门店。85 度 C 的每个主厨都是从五星级酒店聘请，饮料、蛋糕、面包等产品种类齐全，口味奇佳。而简约、时尚的门店装潢也使得 85 度 C 显得更加高档。24 小时的营业时间、平易近人的销售服务，这些都使消费者乐意到 85 度 C 消费，尽管它的价格稍高于其他蛋糕店。85 度 C 的成功可以从产品（服务）特征与消费者需求价值曲线矩阵进行分析（见下图）：

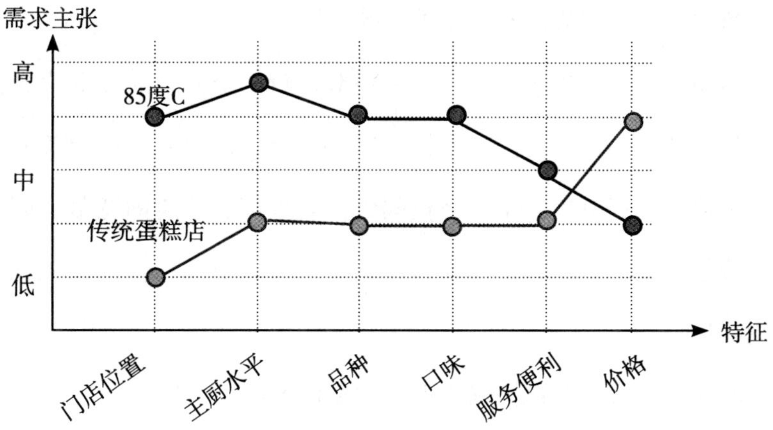

图 2　产品（服务）特征与消费者需求价值曲线

海底捞则是以“病态”的服务让消费者满意到没话说。排队的时候可以免费擦鞋、美甲、打牌；点菜的时候，消费者可以只要半份，吃不掉的蔬菜可以退掉；就餐时，只要消费者想要吃什么，不管海底捞有没有，服务员都会想方设法来满足消费者的需求。不仅如此，海底捞汤料的味道都可谓纯正、独特，有别于任何一家火锅店，让消费者可以很快将其与其他火锅店区分开来。如此高质量的服务，其人均就餐价格却处于市场的中档水平。这样的企业自然能够成功，正所谓“功到自然成”，令人无话可说。

商道逻辑虽然可以用各种理论、实例去证明其重要性，但如果只是去学习，估计永远都做不到 85 度 C 和海底捞这样的地步，我们必须深切地领悟商道逻辑和创新精神，将其有机结合，从而实现企业盈利模式的转型创新。

首先，必须提高对利益相关者的重视。

商道逻辑其实也是盈利模式的塑造逻辑，企业想要在等价交换中获取更大的收益，不仅要为消费者创造更高的价值，也要为产业链的其他环节创造价值。市场竞争并不是企业间资金、规模、渠道的竞争，而是为他人创造价值创新的竞争，谁能为利益相关者创造更多的价值，谁就能占据市场优势地位。

其次，必须在商道逻辑中融入创新精神。

产业链的日趋成熟，使企业在整合产业链资源之后，再也难以有效地削减企业成本。那么，我们就要以创新性的商业之道为利益相关者创造价值。所谓创新，其实就是挖掘消费者的潜在需求，行业服务质量普遍较差，我们就将自己的服务提升到最高；行业文化细节缺失，我们就在企业的每个细节中融入自己的企业文化……总之，针对消费者的潜在需求，市场缺什么，我们就补充什么。

商道逻辑的成功，是企业为消费者及其他利益相关者创造出了独特的价值，这种价值是竞争对手买不到、偷不走的，也只有这样，企业才能真正地具有核心竞争力，并打造出自己的商业盈利模式。

第五章

突破传统理念的瓶颈，实现转型创新

第一节　用发展眼光主动转型升级

在市场竞争愈发激烈的当下，中国民营企业面临着最大的转型压力。然而，转型对企业而言就是一次大手术，很多企业家或者习惯于用“昨天”成功的经验来应付“明天”可能发生的问题或是因为惧怕企业在转型中“加速死亡”，而选择在瞬息万变的市场环境中苟延残喘。

事实上，转型对于每家企业而言都是一次巨大的挑战，但转型一旦成功，企业就可以获得“新生”。而在如此多变的市场环境下，企业也不能指望通过一次企业转型，就取得长治久安的效果。市场的不断变化就意味着企业家必须适时地进行转型创新，从而维持企业竞争力的持续上升，实现企业的可持续发展。

对于中国的整体经济而言，民营企业已经成为其最重要的支柱之一，可预见的是，民营企业对于中国经济的影响力必然会不断加大。即使是在目前，民营经济已经占据中国经济总产值的30%，而在营业额超500万元人民币的企业中，民营企业的数量也超过了半数。

即使中国民营企业的存活率远低于欧美发达国家，能取得500万元人民币的企业，对于中国庞大的民营企业基数而言，也实在是凤毛麟角；但对于中小规模的企业家而言，在当今复杂的市场环境下，规模越小，转型也越显容易。我们要摆脱金融危机的“余威”，要在中国经济发展滞缓的今天逆流而上，就必须突破传统理念的影响，主动地推动企业转型升级。

随着金融危机的到来，中国消费者第一次正视到了手里的“票子”的重要性，几乎每个消费者都过上了“节衣缩食”的日子，眼下团购大行其道无疑是最有力的证明。而随着国家大力倡导勤俭节约、“三公消费”的大规模削减，高端餐饮业无疑迎来了最困难的时刻。

湘鄂情作为国内首家上市的民营高端餐饮企业，其业绩也随之出现了下滑，在2013年的第一季度，其亏损甚至达到了近7000万元人民币，对于湘鄂情而言这样的亏损无疑是首次遇到。

北京市商务委还专门对北京辖区的高端餐饮业进行了一次大调查，调查显示，2013年上半年，北京高端餐饮业营业额下降率超过三成，而北京的餐饮行业净收入也下降了5.6%，这是在中国近十年的发展中很难见到的情况。

面对这样的市场环境，不少高端餐饮企业决定面向中低端市场，发挥其品牌与服务的优势，以顺应市场环境的转变，进行转型升级。大多数高端餐饮企业都开始着手调整目标客户、菜品结构以及服务模式，从而实现自己的企业转型。

净雅集团从销售活海鲜起家，发展到如今山东餐饮业的第一品牌，甚至在山东及附近都流传着“吃海鲜到净雅”的说法。但从 2011 年开始，就与战略咨询公司开展合作，着手设计自己的战略转型计划。最终将自己的转型计划定义为“多业态组合、多模式发展、多资本运作、多品牌经营”。净雅集团企业转型最重要的内容就是，着手调整菜品结构，从而打入大众市场。在其最新设计的 202 道新菜中，40 元以下的达到 111 道，而其中 30 元以下的达到了 68 道。这对于净雅这样一个高端餐饮品牌而言，是难能可贵的。

而且从 2012 年年底开始，净雅集团开始拓展海鲜以外的业务，包括中高端自助餐、地铁餐车、连锁快餐、团购膳食等大众业务。净雅集团总裁张永舵甚至表示：“预计五年后，大众餐饮会为净雅提供超过 70% 的营业收入。”

与此同时，湘鄂情集团同样表示：“要在稳步发展中高端市场的同时，着手向大众市场进军。”其五年目标同样定为，将团购、快餐等业务作为企业主营业务，提高其所占份额至 80%。湘鄂情是这么说，也是这么做的，其在2012年先后收购了上海齐鼎和龙德华，从而开始打入快餐市场。

北京的各大高端餐饮业都开始主动进行了自己的转型升级。直隶会馆将酒楼一层打造为大众餐饮市场，将其人均消费控制在100元左右；凯瑞豪门食府也更名为凯瑞御仙都，取消最低消费及服务费；北京顺峰酒楼也不再坚持300元的人均消费，推出了超过100种百元以下的菜品……

目前，中国企业面临着巨大的转型压力，在这个“不转型等死”的年代，企业家们必须以发展的眼光主动进行企业转型升级。

首先，必须明确地认识到企业的内外环境。

虽然说如今中国企业已经全面进入转型期，但每个企业面对的政策、市场、行业环境都有所差异。制造业面临着人工成本上升、订单减少的压力；高科技行业急需提高技术的自主研发能力；电子商务业需要尽快寻找自己的盈利模式……不仅如此，每个企业内部同样存在着不同的转型压力：定位错位、模式落后、职能模糊、资源配置失衡、执行力低下等。因此，企业家在着手转型升级之前，必须对企业的内外部环境有个明确的认识，这样才能做到有的放矢。

其次，必须以发展的眼光看待企业转型。

企业转型并不是一蹴而就的，它其实是一个持续的、螺旋上升的过程，企业内外部的不断变化，决定了企业必须实时地进行企业转型。而企业家在设计转型战略时，也要以发展的眼光看待问题，企业家必须收集充足的信息，从中找出市场变化的大方向和客户需求的“痛点”，而不是着眼于时下的市场潮流。企业要真正以转型形成自己的核心竞争力，就不能随大流，而应该成为市场潮流的引领者。

科学发展观已经成为大家耳熟能详的词汇，但多少企业家能够在企业发展中真正地做到这点呢？缺乏发展的眼光、被动的转型升级，这些最多只能保证企业的基本存活；而要成为市场的赢家，企业家必须主动地打造自己的可持续发展战略。

第二节　产品（服务）结构转型升级，发现不一样的蓝海

企业必须主动转型，而产品结构（服务）的转型才是企业转型的具体成果。企业盈利的最终载体是企业产品，而产品结构转型升级就是企业家以最佳的产品组合，为企业带来多个利益增长点，从而以此实现盈利。

在中国改革开放的三十多年间，制造业成为中国最具竞争力的产业。在制造业下的三十多个行业分类中，中国企业在近二十个行业中占据了世界第一的位置，其产量甚至达到了世界总产量的半数之多。即使在中国的多次产业结构调整后，传统制造业仍然是中国企业的主体。

但制造业在产业链中所处的地位又是极为低下的，其作为一种劳动密集型产业，对企业的门槛设置得十分低，中国企业想要进入制造业十分简

单。这也意味着，中国制造业中存在着大批中小规模企业，而这些企业又大多因技术水平低下而产品质量不尽如人意。随着世界制造业的产业升级，中国很多这样的制造业企业都陷入了停产甚至破产的境地。

由于金融危机的影响，中国制造业接到的订单明显下降，而随着人民币的加速升值，中国制造业产品的价格优势也随之下降，再加上人工成本的不断上升，中国制造业几乎陷入了绝境。

著名的“微笑曲线”展示了制造业通常是产业链中附加值最低的一环。我们通常将一条完整的产业链分为研发设计、生产制造、市场营销三个环节。而在对其附加值进行衡量时，生产制造环节所占比例不足30%，而最底层的加工装配业甚至只能占到5%。在诸多环节中，中国制造业大多都处于生产制造的底层环节，也就是说，中国制造业在产品利润中能分得的已经少之又少了，而随着销量的大幅降低，中国制造业几乎已经无利可图了。

就是在这样的宏观产业环境下，中国制造业企业还要面对大批同行的竞争挤压，中国擅长制造“山寨货”，正是因为每当某种产品热销时，中国制造业就会集体进入该市场，在拙劣的模仿中，与各个同类产品进行“血拼”，最终两败俱伤。

中国制造业可以说是中国企业的代表性行业，人工成本上升、销量减少、利润降低，这正是中国企业所面临的通病。“薄利”却不能“多销”，在这种企业外部环境不可控的条件下，中国企业如果再不从企业内部着手，进行产品结构的转型升级，提高企业产品的竞争力，那就只有“唯死而已”了。事实上，这正是中国民营企业平均寿命只有三年左右的原因！

1934 年 1 月 20 日，富士胶片株式会社在日本成立。1963 年，古森重隆进入富士胶片，并一直工作至今，成为富士胶片的全球总裁兼首席行政官。也正是在他的带领下，富士胶片在 2005 年，实现了 236 亿美元的销售业绩，并成功占据全球 500 强企业的第 227 位。

现在，胶片几乎已经成为一种历史，数码影像技术的普及使胶片再无用武之地。而早在 20 世纪 80 年代初，古森重隆就认识到了数码时代的必然来临，而在当时，数码技术被当作一种高端昂贵的技术仅仅是被应用于商用印刷及医疗影像领域。

也正是在那时，古森重隆认识到了数码技术的市场优势，也果断地将公司的科研方向定位于数码领域。当时，商用印刷对于数码技术的具体应用是平面扫描，而医疗影像也仅是以数码技术对 X 光片等影像资料进行保存。随着光电耦合器在美国贝尔实验室诞生，富士胶片正式决定并开始将数码技术与相机结合起来，经过大量的科研投入也使得富士胶片在数码相机的三大关键性组件上取得了专利。

富士胶片从 20 世纪 80 年代初开始研究光电耦合技术，其研究方向着重是提升图像在数码相机中的保存质量，于是在 1988 年生产出世界上第一台配有存储卡的民用数码相机。之后，富士胶片又将数码相机的拍摄画质作为研究重心，从而在十年后，推出了世界上首台像素达到 150 万的数码相机。富士胶片的科研并不止于此，既然数码影像可以存储，拍摄质量也得到了大幅提升，那么冲印技术是否可以更为改进呢？于是富士胶片又开始研究数码相片的冲印技术，并自主研发了激光曝光技术，从而设计生产出自己的数码冲印设备。

当谈到富士胶片的未来发展时，古森重隆说道，“现在科学技术发展越来越快，而数码产品的需求量又急剧上升，我们不得不将更多的精力投入到科技研发中。每年我们都将2000亿日元作为科研基金，而我本人也一直忙着思考数码产品转型的问题，连海外出差的福利都没时间去用”。

现在，富士胶片已经不仅仅是一家影像公司，事实上，胶片、普通相机、数码相机、数码冲印设备等影像业务所占比例已经不足40%，信息产品和文化产品已分别占到富士胶片销售额的31%和40%，从而与影像产品并列，成为富士的三大支柱产品。

在富士胶片成立发展的七十九年间，其始终对市场变化趋势高度关注，并竭力从世界各行各业的技术发展中，找到自己产品结构转型升级的可能性。保持这样的转型创新动力的富士胶片，必然会成为世界“百年老字号”企业之一。

中国企业家们要想脱离“夭折”的命运，就必须向富士胶片学习，以产品结构转型升级，带动企业核心竞争力的提升。回首富士胶片的发展历程，从中我们可以得到如下启示。

首先，必须清晰地认识到市场和消费者的需求。

在原国家经贸委2002年的调查研究中，中国有近九成的产品处于供大于求的状态，而处于供不应求的产品几乎没有。当然，调查范围的有限性并不能代表全国各地的市场状态。但这仍然值得注意，消费者的需求是有限的，当市场进入饱和时，企业必然要以“血拼”的方式销售产品。因此，企业家必须对消费者和市场需求有个清晰的认识，从而以产品结构调整进入“供不应求”的产品市场。

其次，必须优化企业的产品组合。

大多企业都会在经营中形成独特的产品组合。而在着手产品结构转型升级时，企业就要注重对产品组合进行优化重组。对于具备一定技术优势和资金优势的企业，可以借助现有优势，实行多元化产品组合，以产品大类的增加提高企业产品的覆盖率；而另一个通用的优化方式，则是提升企业产品组合的深度，通过对固有产品市场的深入研究，来提升产品的个性化，从而吸引更多消费者。

最后，必须加大技术创新力度。

产品结构的转型升级是以产品为载体的，而产品的成功必然离不开设计、研发、生产、营销等环节，显然，新产品组合生成的直接动力正是技术研发应用的升级。企业必须加大技术创新力度，建立自己的科研中心，或是与科研机构开展合作，或是积极引进先进的技术成果……在诸多方式中，企业家可以根据企业实际情况进行选择。

综上可知，产品结构的转型升级是企业转型的最直观体现，企业家要以发展的眼光主动转型创新，就要将产品结构作为研究重心。

第三节　盈利模式转型，优化价值链

所谓盈利模式，就是企业为了实现收益而形成的产品价值和价格策略，是为了实现产品的效益而打造的一条完整的价值链。随着各行业新科技的广泛应用，传统产品的销量和定价都在急剧下降，企业盈利模式诚待转型。

很多企业从卖产品变成卖服务，比如，电梯等大型电器提供的长期维护服务；有的企业则从卖产品变成出租产品，比如，通用公司出租飞机发动机等；还有的企业将自身转型为行业平台，比如，阿里巴巴打造的菜鸟网络……

在过去，企业实现盈利通常是通过渠道实现销售，从而创造业绩。而在眼下，企业个体已经很难成为市场的主导者，要将获利模式变为盈利模式，企业就必须融入产品价值链中，与价值链的全部主体共享利润。所谓价值链，又包括了从市场研究、产品设计、科技研发、原料采购、生产加工、物流运输、分销渠道、售后服务这八个环节。

价值链的长度决定了盈利模式转型的复杂性，而盈利模式作为企业生存和发展的基础，又是企业转型中必不可少的环节。中国大大小小的企业近百万，却大多以一种“恶性竞争”的方式获取发展，惯用的“资源战”“机会战”“价格战”等竞争方法到最后都会导致企业与竞争对手的“两败俱伤”。

在当今市场环境下，企业想要取得可持续性的发展就要放弃过去压榨供应商、哄骗经销商的盈利模式，而要在合作中走向共赢。有的企业家通过不断提高企业的管理水平，从而提高资源利用率；有的公司则以充足的原料来源，占据市场。如果大家走向合作，那么必然可以实现“1 + 1 > 2”的效果。

企业家经营的最终目标是提高收益，而要实现收益的大幅提升，就必须降低成本或增加收入。盈利模式通常也被看作是产品价值链的利益分配模式，但随着行业的不断成熟，价值链所有环节必然迎来利润降低的状况，这时，企业就要协同价值链各环节来挖掘消费者的新需求，从而研发出新产品，占据新市场。

五菱汽车是中国的一家老企业了，在它成立发展的十多年间，其企业品牌逐渐变为低端、廉价、低质量的形象代名词，这与其一开始的盈利模式脱不了干系。

在 1999 年以前，五菱的企业目标一直定位于“行业第一”，而其对行业第一的理解却局限于数量第一，这就造成了五菱走上的是数量扩张之路。忽视产品质量、过度生产、库存积压，这些因素致使五菱汽车只能在高集中度的低端市场苟延残喘。其1998年的财务报表显示，五菱汽车坐拥11.8亿元的应收账款，这就意味着，在其1998年的全年销售额中，有一半是在赊账销售。

随着中国消费者消费水平的飞速提升，国外知名汽车品牌大批进入中国市场，五菱逐渐被一二线甚至三线城市消费者所抛弃。尤其当宝马、奥迪等品牌都与中国汽车开展合作，打入低端市场时，在庞大的现金流压力下，五菱似乎已经进入了绝境。

为了扭转不利局面，从进入21世纪开始，五菱就开始着手集成与优化企业价值链，从而在盈利模式的转型中，为企业创造新生。

五菱在其盈利模式转型之路上，首先就是对五菱汽车的不断贬值加强抑制。通过对产品质量的关注和提升，以及对产量的控制，虽然在1999年首次出现销量下降，但盈利却上升了30%。而到了2000年年初，尝到了甜头的五菱汽车一举打破了靠赊销换销量的困境，将应收账款控制在了4亿元之内，从而为企业转型积累了充足的现金流。

所谓“有钱好办事”，有了充足的现金作后盾，五菱的盈利模式转型开始顺利展开。为了优化企业的价值链，五菱对企业内外部资源做了有效的集中配置。在生产模式方面，放弃了过去的过度生产模式，转而以市场需求的指标为指导，采取精益化生产，仅此一项，五菱的生产效率就提升了45%；在内部管理方面，着手推动企业内部的业务流程重组，从而在公司内部形成及时反应、快速纠错、职能明确的管理模式；在资源采购方面，创立了“三比式”采购法，通过与供应商的有效合作，在三年间累计节省了25%的采购成本；在市场营销方面，以“造百姓喜爱的车”为口号，在与经销商、物流企业的深度合作中，以良好的产品及服务质量重新进入市场。

五菱在逐渐找到自己的盈利模式后，又与国内外的各大集团开展合作，将五菱这家国企转变为“中外”合资企业，从而迅速投身到经济全球化的浪潮之中，为企业带来了更大的生存空间，同时也具备了自己的核心竞争力。

盈利模式是企业生存、发展的基础，是企业实现收益的具体方法，企业转型必然要从盈利模式着手，由价值链的优化为起点。

首先，可以与外部企业广泛开展合作。

企业仅靠自身不可能做到十全十美，要提高企业运营效率就必须通过与外部企业的广泛合作来优化企业价值链。一般而言，企业可以通过业务外包、战略合作、企业联盟等形式，实现“取长补短”。而从另一方面来看，我们也可以通过向成功企业“取经”，为大型企业做外包，实现自己的稳步发展，从而一步步走向壮大。

其次，必须完善企业内部资源配置。

即使我们说合作共赢，但也绝不是简单的“抱大腿”，如果企业家将盈利模式转型理解为成为附属，那么最终只会迎来被吞并的命运。企业家想要实现企业的发展壮大，就要从企业内部着手，在与成功企业或价值链其他环节的合作学习中，吸取经验，不断完善企业内部的资源配置，吸纳人才、创新技术、提高管理水平等，从而在合作中占据平等地位，并最终成为价值链的主导者。

一言以蔽之，企业要想取得更大的收益，就要不断提高产品或服务的价值，当自身力量不足时，企业就可以从外部借力。这就是盈利模式转型以及价值链优化尤为重要的手段。

第四节 运营模式转型，资金链创新

中国的企业家们已经越来越认识到企业转型的重要性，他们致力于变产品、变采购、变销售，却往往忽视了企业存在发展的一个关键要素——运营管理模式。

企业家在考虑企业转型时，不能仅仅着眼于成本的削减、销量的提升、盈利模式的再造等问题，而要从运营管理上进行转型创新，接受新观点、把握新机会，以整个组织的转型为基础，形成一套完善的运营管理机制从而得以应对企业外部复杂环境的挑战。

企业家必须将企业转型提升到企业价值观的高度，在企业全部成员的理解和认同中，将转型作为企业价值观的一部分，从而以新的企业管理流程，对企业绩效进行评估，对员工薪酬进行有效管理，使员工在员工职业规划与企业价值观的融合中，从企业内部获取企业转型的动力，以保证企业转型的效率。

企业管理模式的转型和规范，可以说是企业家的“二次创业”，但很多企业家在企业管理转型上，却长期陷入一种“瞎折腾”的状态，他们不断引入各成功企业的管理模式，希望以这种“生搬硬套”的方式，快速实现企业的跳跃性发展。

然而，每个企业所面临的内外部环境都有所差别，并不是每个企业都适用微软、沃尔玛、苹果的管理模式的，企业必须对自身所处的内外部环境有个清晰的认识，从而去粗取精，打造属于自己的企业管理模式。

在中国企业家中，很多都以一种“拍脑袋”的方式决定企业管理模式，在缺乏系统的信息收集和设计研究的条件下，就“果断”地开启了自己的企业管理转型。

在对企业管理进行转型时，必须以模式、流程、制度、信息化为保障，并充分考虑流动资金的快速周转，从而有效地实行企业管理的有效转型。

流动资金可以说是企业运营的“血液”，每个企业都希望自己的资金能够每时每刻地实现增值。但事实上，很多企业的资金都处于一种“沉没”状态，高额的库存现金、庞大的应收账款、不合理的应付账款，这些都导致企业坐失资金增值的机会。

因此，企业家在对企业管理模式进行转型时，同样不能忽视对资金链管理模式的创新。资金链创新，可以保证企业运营时“血脉通畅”，并避免产生“供血不足”的状态，而这对于企业发展的任何阶段而言，都是至关重要的。

为了配合企业管理整体转型的战略计划，海尔从2006年开始就对其资金链进行了转型创新。面对海尔越来越大的企业规模，各业务单元独立的财务核算，使企业资金无法得到充分利用，也为海尔的持续发展埋下了隐患。

而在企业管理模式中，资金链管理又是必不可少的环节。海尔将新一阶段的企业管理转型定位于“共享中心”管理，通过各个“共享中心”的设置，对企业各业务单元的资源实行优化配置。也正是在这一新的管理模式下，海尔设立了核算中心、成本中心和经营中心这三个单元，用以实现海尔资金链管理的专业化。

在2006年试点转型后，海尔于2007年开始在企业内部全面实施“流程再造”项目，将各业务单元自有的核算部门逐步集中，以青岛总公司为中心，辐射性地进行有计划的集中。在2010年，海尔基本实现了企业核算中心的全面集中，海尔资金链管理效率由此得到了有效提升，从而使资金链风险大幅降低。

通过“共享中心”和“流程再造”的管理模式组合，海尔的资金链实现了初步的创新，其财务人员也在这一过程中得到了明确的职责分类。

在新的企业管理模式中，海尔的财务部门分为三块：首先是集团总部的“战略会计”，他们作为企业财务的顶端，负责企业财务战略的设计；其次是共享中心中的“整合会计”，他们负责对企业资金进行整合和再分配；最后是各业务单元的“业务会计”，他们作为企业的基层，以更高的专业技能为企业业务发展提供支持。

海尔的企业管理转型并没有因此而止步，其对未来的转型设计就是将共享中心从操作平台转变为知识平台，从而进一步提升企业的资金链管理效率。

海尔共享中心总经理邵新智曾对共享中心评价道，“海尔共享中心的有效确立和发展，无疑离不开企业管理层的明智决策和强力推动。但在其发展过程中，我们意识到，共享中心所能发挥的作用并不止于此，我们还可以将其打造为企业内部沟通的平台，并通过这一平台促进新的转型计划的顺利实施。因此，我们正着力改善这一平台，为下一次企业管理转型做准备”。

成功的企业转型几乎都是从运营管理模式转型作为实施切入点的，而运营管理模式转型又需要资金链创新的支持。为此，企业家们必须做到以下两点要求。

首先，必须坚定转型的决心。

运营管理模式转型可以说是企业转型中最重要的一个环节，它通常会带来企业职能部门的重新规划，而其中的资金链创新又意味着“血脉”的重组。这样的“大换血”使其成为名副其实的“二次创业”，企业家要进行运营管理模式创新，就必须做好“推倒重来”的思想准备。而一旦转型计划得以确立，企业家就必须坚定决心，在组织内部推广新计划。

其次，必须将其与信息化结合起来。

在大数据时代，信息化成为每个企业转型的重要内容之一。信息化转型可以有效地提高企业管理，其中包括资金链管理的效率。而随着企业信息化软件的愈发完善，企业家完全可以通过自我研发或业务外包，来为企业打造一套完善的信息化管理系统。企业需要最大限度地挖掘其信息化管理功能，而非仅仅用于会计核算。

从广义上来说，企业管理囊括了企业经营的全部内容，而财务管理又是其中最主要的内容之一。企业转型离不开运营管理模式转型，运营管理模式转型又依赖于资金链创新，企业家不得不加以重视。

第五节　组织制度转型，人才新战略

企业组织制度是企业组织中全体成员必须遵守的行为准则，它存在的意义就在于，通过组织制度的规范化，企业内各部门的职能得以明确，各成员间的关系也得以协调。

企业拥有一套合理的组织制度，就意味着其组织机构可以确保企业决策的制定与执行，其职能体系可以实现内部成员的分工与合作，其权利体系可以明确各单元的权力和责任。正源于此，我们需要将组织制度转型作为一个环节纳入到企业转型的内容当中。

在当下中国的民营企业中，“家族式管理”大行其道，企业管理层都有一种“亲缘化”的关系，这样经营者就兼备了所有者和管理者的双重身份，这也直接导致企业的领导集权和决策专制。而在企业发展初期，“家族式管理”无疑能够极大地避免企业经营风险——集中企业各种资源，同时保证各层级的工作积极性。

但随着企业规模的扩大，由于所有者和管理者的两位一体，使得企业权力得不到有效的监督，特别是当有些企业管理者的个人能力已经不适应企业的规模发展时，专职化决策往往为企业带来不小的损失，甚至出现企业战略性的失误。即使企业家专门聘请了管理人才对公司进行管理，但由于对外聘人员的不信任，因而无法给予其充分的授权。当然，也确实有部分管理人才由于自身水平有限或欲望无限，而让企业家蒙受损失。

企业组织制度对企业的限制更多体现在其人才战略上，人才危机和信任危机成为时下中国企业家面临的一大难题。而这种危机的出现，在很大程度上是源于企业家落后的人才观念，他们通常认为只要给予充足的薪水报酬，自然会有优秀的人才为企业服务，故此将员工作为“经济人”看待。但这种观念往往会造成人才的精神需求和自我实现需求被忽视。事实上，在这个社会，人才作为一种稀缺资源，其物质需求可以得到很好的满足，然而，人才愿不愿意留在企业，更多的是出于对自身发展空间和企业家重视程度的考虑。

很多人认为现在的社会是一个“走关系”的社会，在企业中同样如此，企业家“任人唯亲”导致优秀人才进入企业却难以融入企业。人才无法对企业产生认同，就不会有“终身奉献”的欲望，而只是将企业作为下一次跳槽的跳板。

杰克·韦尔奇可以说是当今企业管理史上的传奇人物，几乎每个企业家都将杰克·韦尔奇作为追赶的目标。

事实上，韦尔奇1960年加入GE公司仅仅一年后就意图辞职。这正是因为在通用电气发展的一百余年间，官僚主义已经深入其制度“骨骼”之中，官僚主义的组织制度模式极大地压制了员工的工作积极性与创新欲望，韦尔奇甚至表示“为此感到窒息”。但韦尔奇的上司古托夫极力挽留他，为此对他进行了长达四个小时的劝说，并承诺企业的官僚作风将不会对韦尔奇造成任何影响，得到如此承诺后，韦尔奇才同意留下。也正是这次挽留，让古托夫成为通用电气发展史上的大功臣。

经过二十年的工作和九年的考评，韦尔奇终于在1981年成为通用电气集团第八任总裁。在这一历程中，韦尔奇所取得的工作成绩令人叹服。在1981—1998年的18年间，通用电气各项指标的增长率都超过了10%。年收益更是从250亿美元飙升到1005亿美元，净利润也在15亿美元的基础上增长了五倍有余，通用的股东每年都可以获得24%的年回报率，这是连比尔·盖茨、沃伦·巴菲特、山姆·沃尔顿等人都难以媲美的。

虽然在这18年间，通用电气员工从40万人削减到了30万人，但韦尔奇带来的“通用价值观”却已经深入人心。在通用的价值观定义中，我们可以明确地看到痛恨官僚主义、开明、讲究速度、自信、高瞻远瞩、精力充沛、果敢地设定目标、视变化为机遇以及适应全球化等词汇。而通用也对员工设定了“A级人才标准”，要求员工“随时具备充沛的精力、激发他人的能力、提出要求的勇气和必备的执行力”。

很多管理学家或企业家都将通用的成功，归功于韦尔奇强悍的个人素质。但韦尔奇却不这么认为，他一直引以为豪的成就乃是其成功的人才战略。韦尔奇对其在通用电气的成功评价道：“这家公司是由各领域优秀人才组成的，他们拥有远超过一般企业员工的智慧，并在通用电气茁壮的成长。我从来不会抑制他们的成长，而是从他们的想法中挖掘出闪光点，并迅速将其实现、拓展。在通用的成功中，我最大的功劳就是发现并培育出这些人才，我的工作其实就像是园丁，背着化肥，提着水壶，让整个花园都变得枝繁叶茂。”

诚然，凭借一个人的力量，企业家不可能将公司做大做强。尤其是在如今这个多元化的社会，企业家必须随时随刻地吸纳人才，以实现组织制度的优化转型。

首先，必须建立一套现代企业组织制度。

在中国大批的家族式企业中，缺乏制度是难以避免的致命伤。这类企业通常都是以业主制、合伙制为起点，但随着公司规模的扩大，企业组织制度必然要向公司制转型。公司制是在社会化大生产背景下，企业家们的必然选择。通过决策、管理、经营的“三权分立”，不仅企业运营效率可以得到有效的提升，而且其安全性也大大地提高。

其次，必须引入一套新的人才机制。

企业家们必须努力将企业的人才机制向社会化转型，社会化人才战略的实施，可以为企业营造一个开放、激励、竞争、约束兼备的工作环境。在新的人才战略中，“任人唯亲”是必须杜绝的，“任人唯才”才能为企业吸纳更多的专业化优秀人才。而员工激励、团队建设、知识管理等都是新人才战略不可或缺的一部分。

中国企业家们想要彻底摆脱传统的企业组织制度带来的生存压力，就要放弃“家族式”的管理模式，真正的引入公司制，并提高对公司人才的关注度。

第六节　品牌升级转型，打赢溢价战

改革开放三十年之后，在经济全球化的深入发展下，我国终于赢得了“世界工厂”的称号。可是，这并不是美誉，在我国成批的中小企业中，大批的工人成年累月地辛苦工作却只能赚取微薄的利润，而这却是以我国资源不断枯竭为代价的。即使如此，“中国制造”还是得不到全球消费者的认同。

资源的枯竭、劳动力价格的上涨倒逼我国企业已经不能再继续走过去三十年的老路。金融危机的到来、人民币的升值，也使得我国的制造业出口雪上加霜。内外部环境的剧烈变化，要求我们尽快实施企业转型，将“中国制造”打造为世界认可的品牌。

即使不谈这种宏观态势，在中国国内市场上，商品经济也已经高度发达，产品同质化也日益严重。品牌成为消费者选购商品的关键因素，“大品牌更有保障”成为时下人们所认可的理念。对于消费者而言，即使多花点钱，也更乐意去买“更有保障”的“大品牌”产品。这其实也是国产“山寨货”过多，致使国内消费者都对国产产品难以信任的结果。

在这种市场环境下，品牌升级转型是提升企业竞争力的关键性手段。“品牌”其实就是企业的代名词，它包括了企业提供的产品和服务，甚至包括了企业的经营理念、企业文化以及对消费者的态度等要素。

不管是对企业内部而言，还是对其外部而言，企业品牌的塑造发展都具有重要的意义。对内，企业品牌的强大可以为企业留住更多的人才，员工会对企业产生认同，并为自己的工作感到自豪，其工作效率、积极性自然会得到极大提高；对外，企业品牌产生的是一种文化力量，这种力量可以在无形中提高消费者对企业的认可，不仅如此，还可以吸引更多的投资者。

中国企业正在纷纷打造自己的企业品牌形象，无论是海尔、联想、华为这种顶尖企业，还是众多中小企业，都在面向消费者的需求，寻求着自己的品牌升级转型机会。

每年的春季，都是家电产业发布新品的密集期，而到了2012年，家电企业的宣传重点不再是某款新出产品，而是将品牌升级转型作为发布会的核心任务融入其中。

随着“80后”“90后”日趋成为消费者的主导力量，年轻消费者所发挥的力量也越发重要。产品机构转型或是技术创新不再是企业转型的唯一战略，企业品牌升级转型开始进入企业家的视野，而面对市场的年轻化，在企业品牌中融入年轻、时尚的元素成为很多企业品牌转型的主题。

2013年3月25日，海信集团率先启动了新的品牌标识，并由此开启了其全球市场上的品牌升级项目；就在第二天——3月26日，TCL也正式发布了其新的品牌标识，并将其品牌战略定义为“年轻化、时尚化、国际化”；到了4月18日，第17届“全球华语榜中榜音乐大典”在澳门盛大闭幕时，为获奖歌手颁奖的是康佳集团的营运总监。

在这个春天，我们发现，家电产业似乎都采取了同一个企业战略家的建议，那就是企业品牌年轻化转型。

对于出席“全球华语榜中榜音乐大典”颁奖典礼，康佳营运总监牛伟东表示：“‘全球华语榜中榜音乐大典’是康佳向年轻化转型的重要契机，由于‘榜中榜’在年轻消费者中具有相当的市场认可度。这次活动作为康佳品牌升级转型的重要一步，是康佳与年轻消费者之间的沟通桥梁，为消费者展示了康佳年轻、时尚、国际的新品牌形象。”

康佳从2011年就已着手进行其品牌年轻化转型的战略了，但由于缺乏良好的宣传渠道，其宣传活动总是“落不到实处”，因而得不到消费者的关注。经过一年的研究策划，康佳终于决定与娱乐产业相结合，借助娱乐产业在年轻消费者中的高关注度，宣传自己的新品牌。而与“全球华语榜中榜音乐大典”的合作，也确实帮助康佳品牌年轻化战略取得了实效。

康佳的品牌转型升级战略自然也不局限于此。随着科技的不断发展，智能化时代已经悄然来临，智能电视也为家电产业开辟出了新的市场。而在智能终端市场，产品体验至关重要。康佳在2012年首次推出六核超高清双通道云电视，将时下最先进的技术融为一体，从内核到画质再到智能应用，这款产品都具备显著的优势。而最重要的是，在产品体验上，这款产品使用起来更加快捷方便，且社交平台也被融入其中，这对年轻消费者而言，无疑是一个极大的便利。

尽管品牌升级转型作为企业赢得新的消费者主力的重要战略备受关注，但是其带来的产品溢价也不可小觑。企业品牌的成功可以为企业产品或服务带来更高的附加值，而不需用“价格战”“资源战”等“伤人害己”的竞争方式获取利润。

首先，必须促进产品的升级转型。

企业家们必须清楚地认识到，品牌的塑造是以企业产品或服务为载体的。“光说不练假把式”，信息交互的高度发达使得当今的消费者越来越难被“忽悠”。企业如果不能从产品和服务上着手升级转型，那么品牌的转型升级也就无从谈起。

其次，必须提高市场营销能力。

营销始终是企业价值链的重要一环，没有好的营销消费者就不会认识企业，而企业的品牌转型升级也显得毫无意义。对于企业营销战略的设计，我们必须从企业品牌定位来考虑，品牌定位不同，营销战略自然不同。品牌年轻化可以借助娱乐平台，品牌专业化则需要借助专业平台，品牌国际化的宣传则要以国际性平台为主。

最后，必须从全方位促进企业品牌转型升级。

有了新的产品、新的营销战略，并不意味着企业品牌转型升级的必然成功。正如之前所说，品牌作为企业的代名词，其囊括了企业的全部内容。新产品设计生产出来了，也被目标消费者认识了，但如果企业文化、管理理念、组织制度有所缺陷，则也会面临员工、消费者的不认可问题。

企业品牌转型升级不仅可以更大的提高品牌认知度，还能明显地增加产品附加值。而由于品牌的不可复制性，品牌竞争也成为时下企业竞争的重要手段。

第七节　制造转向创造，创意新思路

“中国制造”在全球市场上已经越来越站不住脚，而在近几年，这样一个词汇开始走入企业家的视野，那就是“中国创造”。从国家到企业，大家都在思考着如何将“中国制造”转向“中国创造”，也就将“Made in China”变为“Made by China”。

一字之差，其内涵却有着天壤之别。制造和创造其实都是产品价值链的重要组成部分，而其最大的区别就在于，企业是否拥有自主知识产权。中国作为制造业大国，却很少有自己的知识产权。中国制造业只是贴牌加工和装配的工厂，而价值链中最具盈利能力的部分几乎都是外国的。品牌、专利、商标、版权等作为一种垄断性权力，对产品定价有着决定性的作用，而这些权力几乎都被国外企业所掌握。

在2010年的市场统计中，每销售一台iPhone，其利润的58.5%都归苹果公司所有，而富士康这些装配企业却只能获得其中可怜的1.8%。

我国企业在知识产权这一领域几乎是一片空白，海尔、联想等作为中国最大的企业商标，也只是偶尔出现在世界300大驰名商标的名单中，而在核心专利技术方面，我国企业大多是从国外引进的。

这种现状对于中国企业而言，无疑十分尴尬。难道中国的企业家就只能“模仿”“山寨”吗？难道中国企业真的与自主知识产权无缘？还是中国就真的缺少创新性人才？

在“制造”向“创造”的转型中，其核心要素就是要取得自主知识产权。这样一来，当国产产品成为高端市场的消费热点时，我国也就能够从“世界加工工厂”转变成为“世界供应工厂”了。

美的从创立之初，就以成为“中国创造”为企业目标，而美的作为当今家电市场产品换代升级的先驱，其在从“制造”向“创造”的转变之路上确实实现了一次“华丽转型”。

2004年，美的收购了荣事达中美合资公司50.5%的股权，也由此正式进入了中国洗衣机市场。而到了2008年，美的又以16.8亿元的价格收购了小天鹅24.01%的股份。通过这两次并购，美的在洗衣机行业获得了相应的产能、技术和渠道优势。

借助这股冲劲，美的洗衣机在2010年实现了99亿元的营业收入，从而与海尔在洗衣机市场“并驾齐驱”。但单纯地并购在为美的带来快速突破后，就显得后继乏力了。于是美的开始寻找新的成长机会，美的深刻地认识到，创新力是企业发展的核心竞争力，技术已经成为家电产业的竞争关键，就此美的决定以技术创新与海尔展开较量。

由于发展历史较短，在自主研发方面，美的并没有海尔那样的基础条件。因此，美的选择了一种更为开放的技术创新之路，那就是在兼收并蓄中，以“引进、吸收、创新”的方式提高企业产品的技术含量。

在美的2011年推出的“凡帝罗”变频滚筒洗衣机中，各种自主创新技术被大量采用，其中国际品质无碳刷、低噪声变频电机与感应称重变频技术等都为美的洗衣机带来了强大的竞争力。“凡帝罗”变频滚筒洗衣机不仅在智能、节能上有了跨越性的发展，更以精确的内筒转动速度实现了洗衣效果的极大提升，噪声降低了30%也使得美的洗衣机拥有了更好的产品体验。

在这样的技术创新战略下，美的终于从最初的制造业企业转变为如今的创造业企业。在2011年，美的先后取得了当年的“中国洗衣机市场最具竞争力品牌”“中国洗衣机节能技术奖”“中国洗衣机市场最值得期待高端滚筒新品”“中国洗衣机人性化洗衣技术奖”等洗衣机领域大奖，这无疑是市场对其创造能力的一种认可。

“引进、吸收、创新”是美的选择的“创造性”转型之路，但其核心内涵仍然在于技术创新和思路创新。

首先，必须认识到自主知识产权的重要性。

很多企业家在企业转型中，忽视了技术或者是自主技术的研发，有的是由于对技术的重要性认识不清，有的则是因为技术研发成本过高而“却步”。但我们必须认识到的一点就是，技术引进虽然可以为企业快速地获取所需技术，但专利权让企业付出了大笔的专利使用费，而技术引进后的融合吸收又需要不小的成本。既然如此，企业家们何不将这些成本都投入到自主知识产权的研发中呢?

其次,可以将"产、学、研"融为一体。

所谓"产、学、研"融为一体,就是企业与科研机构、学术部门开展合作,通过资源共享,以更小的成本获得更合适的技术。企业自身的技术研发部门往往显得专业性不足,而专业的研发部门又需要大量的组建成本。这时,企业不妨与科研机构、学术部门开展合作。这样得到的技术不仅与企业相适度更高,也可以贴上"自主研发"的标签。

正是由于核心技术的缺失,我国企业一直无法摆脱"中国制造"的称号,而长期处于产品价值链的底端。企业家们必须创新思路,向"中国创造"转型,以获得更强的竞争力。

第八节　信息系统升级,转向新媒体

大数据时代的到来,使得信息系统在企业的转型升级中成为一项重要的技术条件。信息系统技术可以被应用到企业转型的一切环节,信息系统升级可以有效提升企业转型效率。

其实,中国有些企业早就开始使用或开发出了自己的信息系统,尤其是 IT 业等高科技行业。有的企业家从"DOS"时代就开始使用自己的信息系统，其系统甚至还显得相当完善。但随着信息技术的迅猛发展，企业无法负担信息系统频繁升级的成本，只得选择继续使用技术落后的系统。

信息系统升级确实不是一次性的付出，企业家虽然引进了一套完整且较为完善的信息系统，但由于信息技术发展迅速、市场环境愈趋复杂、企业业务也出现变化，旧有的信息系统逐渐无法满足新的应用需求。但频繁的升级对于企业而言又是极大的一笔经济负担，大部分企业家都只能无奈地“将就着用吧”。

这其实是因为企业从外部购进的信息系统非自有的信息系统，因而在升级时对外部依赖性较大，才产生了无法承担的经济成本。这就要求企业在使用信息系统中，不断增强企业的自主升级能力。

目前，中国企业的信息化模式很难保证企业信息系统的可持续性升级。大多数企业家选择购买技术而不是学习技术。事实上，企业完全可以在与信息系统开发商、咨询公司等“外脑”的合作中，培养自己的信息化能力，即使无法学习到其信息系统开发的技术，也应当主动地学习升级技术。

另外，在具备相当技术研发基础的企业中，企业还可以选择二次开发的方式，提高信息系统与企业的融合度，进而提高信息系统的使用效率及升级效率。

在 2002 年，有一家摩托车企业悄然成立，当时市场对其几乎没有什么关注，毕竟在中国这种小企业成立衰亡得太快。

但到了2008年，这家摩托车企业的营业额已经超过了20亿元，这个数字对于行业领先者而言还只是“九牛一毛”，但一家“年仅六岁”的企业就能够获得这样的业绩，我们自然可以想见其在未来有着怎样巨大的发展空间。这家企业就是大冶摩托。

大冶摩托的成功与企业信息系统的发展息息相关，信息化是大冶摩托六年发展中始终没有忽视的环节。

在大冶摩托成立之初，其经营战略被定义为“跟随”战略。所谓“跟随”，就是不断模仿成功摩托车企业的做法，在某摩托车企业获得成功后，迅速模仿，选取相应零部件组装销售。

这种战略对大冶摩托的反应能力提出了巨大的要求，如果企业不能在短时间内模仿成功，那么，就会错失一次市场潮流带来的利益。为了提升自身的快速反应能力，大冶摩托建立了自己的信息系统，但由于资金不足，其信息系统不仅使用复杂，也不够完善。其对“跟随”战略的影响力并不如预期得那么有效，但大冶摩托并没有放弃企业的信息化，而是充分利用几年间的信息化经验，以大量的业务数据和使用反馈为支撑。当企业实现了初步的发展后，大冶摩托也开始考虑其信息系统的升级问题。

在2006年，大冶摩托已经依靠“跟随”战略取得了相当的市场份额。于是，大冶摩托又开启了其“领先”战略——以自主产品开发引领市场，意图成为市场潮流的推动者。

企业战略的转型也对其信息系统提出了更高的要求，大冶摩托决定从外部引进更为成熟的信息系统作为新的系统核心，继而以此为基础的内部管理方式，为大冶摩托带来了运营效率的极大提升。企业采购、生产、销售、财务等各部门都在有序的协调中，从而推动着企业“领先”战略的顺利实施。

当2008年大冶摩托已经得到摩托车市场的广泛认可时，其又将企业发展战略定义为国际化。企业规模的扩大、目标市场的拓展，这些都对大冶摩托的信息系统提出了更高的要求。大冶摩托迅速将企业的U8系统升级为U9系统，并在自身技术部门的支持下，开启了企业信息系统的全面升级，从而为大冶摩托“360°管理”提供了技术基础。

在大冶摩托的发展历程中，信息系统的升级从来都没有被忽视过。伴随着企业战略的每一次改变，其信息系统都迅速采取相应的升级手段，以保证自身的适用性。

在企业转型过程中，信息系统的升级完善可以说是一剂强效的催化剂。要想发挥出其催化剂的强效作用，需要做好以下方面的工作。

首先，必须做好数据的收集工作。

信息系统的建立升级是为了企业可以更好地运用所掌握的信息，而这也对企业的信息收集能力提出了必然要求。企业家必须对企业内外部环境有个清晰的认识，才能建立起一套适用的信息系统；之后，企业家又必须以及时性的信息获取能力，为企业信息系统的升级完善提供基础，而充足的信息也是信息系统发挥其应有作用的必备条件。

其次，必须提高信息转化能力。

企业经营的最终目的在于获取利润，而信息系统之所以能够提高企业获取利润的能力和效率，正是因为其将采集到的信息通过信息系统转变为有效且关键的商业应用。同时应该明确一点，每个企业的转型关键环节都有所不同，在对商业应用的打造中，也要有所选择。而不论是财务管理、采购管理、营销管理，还是企业管理、市场管理，企业都需要对信息系统进行相应的升级。

目前阶段，信息技术的发展也已经到达了一个新的高峰，这对于集体进入转型期的中国企业而言无疑是个“利好消息”，信息系统的融入对于企业转型的所有环节都有其积极意义，企业家决不能忽视这股力量。

下 篇　转型与创新：商业的智慧

不转型创新等死，精准转型新生

重新定义竞争对手，抢占创新利润池

探索新模式，让企业制胜未来，赢在改变

找到转型的“黄金期”

掠去转型创新的“浮躁病”

盈利模式转型，构筑核心竞争力

成功者的经验是最有价值的参考信息

第六章

掠去转型创新的“浮躁病”

第一节　越来越急功近利的中国企业

从改革开放至今的三十多年间，中国有太多的企业家因“下海”经商而“一夜暴富”，“暴发户”成为很多改革初期中国企业家的代名词。然而依靠胆识和机遇成功的企业家大多缺乏长远的眼光，他们只关注眼下的利益，只想尽快取得最大的实际收益。书店里琳琅满目的“成功学”书籍都表明了，中国的企业家们越来越浮躁，而中国的企业也越来越急功近利了。

当我们着眼于世界上的各种流传至今的技术发明时都可以看到，虽然它们被发明之初更多是为了人们的生活质量得以改善，但时至今日它们确实也为企业带来了不小的利益。无论是中国的造纸术、指南针、火药，还是富兰克林的直流电、爱迪生的电话，甚至是盖茨的微软，它们直到如今都在为企业家们创造着巨大的财富。

而现今的中国则不同，企业家太过急功近利，哪一行有“钱途”，就都往那一行钻，“炒完地产，炒茅台；炒完古董，炒概念”，在疯狂的市场炒作中，追求远高于产品真实价值的利益，虽然其能为某些企业带来极大的短期收益，但谁都不知道这些泡沫什么时候会破裂，每个企业都可能成为“博傻理论”中最后一个傻子。

除了炒作之外，“价格战”成为所有市场竞争的“终极手段”，无论是前期做了多少技术准备、营销铺垫，最终，企业家都会以连续性或大幅度的降价来追求微小的市场份额。

中国企业家不再对市场、企业有长远思考，只是片面地追求规模效应，对于中国企业家而言，企业成功的一个重要标志就是“做大”，不是品牌有多大、文化有多大、管理制度有多大，而只是单纯的规模有多大。

现如今，改革红利带来的经济高潮已经过去，中国的企业家们应以更加理性的态度应对市场竞争，尤其是在眼下这样一个企业转型的关键时期。企业规模扩大已经越来越难，而大规模的企业往往面对的是竞争更激烈、成本更高昂，而利润并不高的困境。

但中国企业家很明显对此还没有一个清晰的认识，电视行业在近四年来已经出现了五次概念炒作。在经过 3D 电视、智能电视、云电视、4K 电视的炒作后，乐视网又宣布与富士康、夏普、高通等企业强强合作，开发超级电视，其将超级电视形容为一款“颠覆性”的产品。

虽然市场上经过几次概念炒作，已经对超级电视产生怀疑，也有专家表示“超级电视在技术上并没有什么太大的创新，其也不适用于当今中国的市场环境”，然而，这并不妨碍乐视网将其作为营销噱头，在市场上大搞概念炒作。直到夏普发布宣告称，“并未与乐视网开展合作”，乐视网的这次概念炒作才终于告一段落。

事实上，从2009年开始，电视行业就开始对各种概念进行炒作。在2009年，高清电视在短暂的发展之后，就已经成为电视产业的主流产品，为了实现新一轮的快速增长，就有电视企业开始开发“互联网电视”，这一概念也确实让市场感到惊喜，毕竟电视和网络的结合在当时还是罕见的。然而，当产品被推出之后，消费者都大感失望，这所谓的“互联网电视”只是比液晶电视多了一个网线接口而已，而其他则和普通液晶电视无异。

在互联网电视这一概念还没被“炒熟”时，3D电视、智能电视、云电视又纷至沓来。并不只是那些中小企业参与了这些“概念战”，事实上，发力最多的正是那些已经占据了一定市场份额的电视行业大品牌。在2012年，康佳、创维、TCL等国内知名电视品牌相继推出了所谓的云电视，而在眼下，云技术远未发展成熟，国际市场也还未对其有一个明确的技术标准和规范，因此云技术与电视的结合，则是无从谈起的事。海信电器就直言，“电视市场上根本就没有云电视这样的分类，其实际上仍是智能电视。云电视的概念纯粹是对消费者的误导，是一种炒作”。

4K电视是时下电视产业概念的“新贵”。4K实际上是对影像分辨率的一种计量，可以说是一种超高清的技术。但我们要知道，即使在国内的电影院，4K屏幕也屈指可数，而如果能将电视的分辨率提高到这样的高度，国内电视产业真的是已经达到国际领先水准了。且不谈这一概念实现的技术难度有多大，即使电视荧幕具有这样的分辨率也能让人为之满足啊！然而，中国却鲜有电视台可以为观众提供4K标准的节目，那么，观众想要享受“4K电视”的超高清服务，就只能自行去下载片源了，而具有这样分辨率的一部电影动辄以“100G”为单位，储存设备又成了一大难题。

索尼耗费了十年的时间来研发3D电视技术，可在其产品发布没多久，中国就迅速进入了“3D电视时代”；微软、谷歌强强联手，实现了电视的智能化。让人始料不及的是，中国电视就一夜之间各个具备了“智能”。

中国电视行业中之所以频繁地出现概念炒作，正是因为中国电视企业大多急功近利，几乎没有企业家愿意真正的以市场、技术为先，在了解市场需求动向的基础上开发技术，而是以“概念营销”这样一种欺骗性的手段赢得市场。这也就造成了中国电视企业只能停留在“中国制造”，而无法向“中国创造”转型。鉴于这种情况，中国企业一定要脚踏实地的，以真正的转型应对国际、国内市场竞争，急功近利只会使企业与利润越来越远。

首先，在企业转型创新中要循序渐进。

盲目求快对于企业而言未必是好事，快速发展必然会造成根基不稳。虽然偶有跨越式创新成功的案例，但是企业模式、业务流程、管理制度都跟不上，企业即使实现了较好的短期效益，也无法维持长期的竞争优势。而快速发展对于企业创新力的扼制又尤为明显，急功近利的企业必然无法实现真正意义上的创新，而大多只是以一种“小聪明”取得一时的优势。企业要“做强”，企业家就必须循序渐进，而不可急功近利。

其次，要有敢于吃亏的心态。

企业家作为企业的最高决策者和管理者，就必须有其相应的处事能力。为了一点利益而斤斤计较，为了不“吃亏”而与人对立，最终只会造成企业在产业链中缺乏伙伴，因而成为“孤家寡人”。中国很多企业家不愿意吃亏，吃了亏也只知道抱怨或“找回场子”，但吃亏对于企业而言，其实是一种隐性投资，在吃亏中成长，在吃亏中寻找真正的合作伙伴，由此而言，企业家必须敢于吃亏。

“急功”会造成企业根基不稳，而“近利”也会使企业缺乏盟友，急功近利的企业必然不会实现长久的生存和发展，对于企业转型创新而言更是“百害而无一利”。

第二节　缺失目标，转型模糊单一

中国的企业家们很多都会谈起企业转型，也有很多企业正在着手转型，但其中很多企业家只是空谈转型，却没有一个具体而全面的目标，这就造成企业转型无法实现短期收益和长期收益的平衡。过于追求眼前利益就会使企业在长期战略上缺乏方向，过于追求长期利益又会使企业在短期内缺乏动力。

企业转型创新的根本目的在于建立并提升企业的核心竞争力。管理学家哈默将核心竞争力定义为企业的知识和技能，它不仅囊括了企业生产、技术、销售的知识和技能，也包括了企业内部协调整合的知识和技能。

市场的不断变化，消费者需求的日新月异，使得企业难以依靠某一技术、产品或服务赢得长久的市场竞争力。而所谓核心竞争力，是融于企业内部所有环节的。企业家为了应对市场需求而不断对产品组合进行调整，但无论如何调整，其核心竞争力的发挥都是赢得市场的关键。

为了解决企业转型目标模糊或单一化的问题，企业家就必须在转型创新之前，对企业需要转型的方面和转型的预期成果有个清晰的认识。而当企业家对核心竞争力的重要性有了共识之后就会发现这个问题其实是十分简单的。具备企业核心竞争力的技术、产品、服务、制度等要素，就要发展；否则，则要对其进行舍弃或改变。

企业转型创新是一个完整的流程，企业家必须先对企业转型需求有所认识，从而确定企业转型的目标，并以此为基础制订转型计划并付诸实施，最终对转型效果进行评估，而效果评估又是对新一轮转型需求的分析。可以说，企业转型是一个循序渐进、循环往复的过程。而企业家对转型需求和转型目标的分析，也就是对企业核心竞争力如何转化为竞争优势，又如何提升的研究。

企业转型创新的最终目的是在市场上获取长期的竞争优势，从而实现效益的最大化。这就要求我们能够将企业竞争力转化为持久的竞争优势，这其中又涉及市场分析、企业文化、管理制度等问题。因此，我们必须对企业转型创新有明确的目标，而这一目标也并不是单一的，从其空间和时间的角度而言，都应尽量全面。

佳能作为一家以照相机起家的影像企业，其成就大家有目共睹，在今天的影像产品行业，佳能这个品牌已经成为顶端、先进的代名词。佳能的成功正是源于其对核心竞争力的有效转化，也在于其明确而多元的转型目标。

佳能的影像技术一直处于世界顶尖地位，其机密机械技术、光学技术和微电子技术的先进水平让世界影像产业一直苦苦追随。要将照相机做到最好，佳能自然在技术研发上进行了大规模的投入。既然有了这样先进的技术，佳能自然不会只着眼于照相机产业，其在复印机、打印机、传真机产业的成功也正是对这些先进技术的有效应用。

在1988年，佳能就提出了“二次创业”的转型计划。佳能在捕捉到信息技术的发展前景后，便迅速将其影像技术与信息机器、映像机器、液晶装置、半导体等信息技术相融合，从而完成了“影像佳能”向“信息佳能”的转变，而佳能的最新转型目标则定位于“社会生态学”。

早在1995年，佳能总裁御手洗富士夫就着手对佳能进行了改革。日本企业会经常性的开会来商讨企业问题，但日本企业开会的一个传统习惯就是无法在一次会议上对相关问题产生结论。御手洗富士夫认为这是对企业管理时间的巨大浪费，因此，他将佳能每次会议进行了明确的定时，并要求会议结束后必须产生结论。这其实是佳能将日本模式与美国模式的有效融合，美国《财富》杂志就对其评价道：“御手洗富士夫开创的佳能模式中，既蕴含了追求利润的美国模式，也对日本传统的高效管理模式有着有效的应用。”

佳能对“美国模式”的兼收并蓄，也是其1988年开始实施的国际化转型战略的基础。佳能从1988年提出国际化的“二次创业”计划开始，就一直坚持着与全球消费者“共生”的管理理念，1996年，佳能更是将企业目标定位于“全球优秀企业集团”。在十几年的转型创新过程中，佳能已经完成了其基础的转型布局，其日本总部除了保留技术研发部门外，已经不再涉及生产、销售业务，这样佳能每年销售额的80%都来自其海外市场。

佳能既然要做到国际化的转型，就必然要摒弃其部分日本特色。比如日本企业传统的“年功序列”制，在日本企业中，员工职位和薪资水平往往是以其工作时间为基础的，但在全球市场中，这样的员工管理制度无疑是不合适的。因此，佳能在对其员工进行相应的培训后，会以考核来决定员工所担当的职位和拿到的薪水。

佳能的企业转型目标十分明确，从提出“二次创业”计划开始，其目标就定位于国际化、多元化的全球顶尖企业。而与之对应的，佳能以其照相机领域的核心竞争力开始进军相关产业，并追求在这些行业的领先地位。同时，佳能在其制度、文化等各方面也有着相应的转型目标。

企业转型目标的明确对企业转型有着指导性的作用，而转型的复杂性又对转型目标的全面性提出了必然的要求。

首先，必须找出自己的核心竞争力。

企业的核心竞争力是企业成功转型的基础，正如之前所说，企业转型的根本目的就是建立并提升企业的核心竞争力。企业家在确立转型目标时，不能只考虑市场需求，这样的转型必然会造成企业一直追随着行业的脚步，而无法成为行业主导者。只有以核心竞争力为基础的转型目标，才能引导企业走向具有自身特色的转型之路。

其次，必须对转型目标有全面的定位。

核心竞争力体现在企业运营方方面面的，单一化的企业转型必然会造成企业“短板效应”的出现。企业家们在将核心竞争力转化为竞争优势的同时，必须对企业的价值主张、商业模式、运营模式、销售模式、组织结构、管理制度、品牌文化等都有相应的目标定位。全面的转型目标设置，可以为企业核心竞争力的提升提供保障，而企业全方位的提升又能有效地增强企业的核心竞争力。二者的关系是相辅相成的。

企业转型是一个循序渐进又循环往复的过程，企业家必须设定一个明确的目标以引导企业转型的循序渐进，又要以一个全面的目标来完成企业转型的循环过程。

第三节　转型的陷阱：走向国际化

随着经济全球化的深入发展，越来越多的企业开始了自己的国际化转型。早在20世纪80年代末期，也就是改革开放之初，首钢就收购了美国的麦斯塔工程设计公司70%的股份，其在1990年更是直接收购了秘鲁的一个铁矿。

但首钢作为国有资源型企业，其规模之大、资金之雄厚、政策之便利都不是国内中小企业可以企及的。即使如此，我国中小企业还是开辟出了自己的一条国际化的道路，尤其是以劳动密集型为主的制造业，也正是它们带着“Made in China”遍布了全球每个角落。

但他们走的真的是一条真正的国际化道路吗？他们从中盈利几何呢？

在对企业国际化转型的研究中，我们知道，企业必然是在本土市场拥有了一定的垄断性优势，才能以此为跳板迅速在国外市场扎根发展。而这些优势通常体现在技术、管理、品牌或市场上，它们为企业营造的核心竞争力可以为企业产品或服务创造更高的附加值，从而实现企业在国际化中的利益最大化。

然而在中国的中小企业中，企业家们通常以低廉的价格和劳动力为优势，去承接海外发达企业不愿意做的产业链下游业务。贴牌代工、加工装配、模仿跟风、低端产品销售……这些使得中国“国际化”企业的利润极低，而大规模的低价销售又使中国企业产品在国外市场面临着“反倾销”的威胁，这更使得中国“国际化”企业生存困难。

中国企业在国际化道路上举步维艰，不仅是因为高端市场已经被国外知名品牌所占据，更因为产业核心技术都掌握在国外企业中，中国企业只能跟着“喝汤”。比如在电视行业，中国是制造出口大国，但其大屏幕作为核心部件一直都依靠进口，仅一个屏幕就占据了电视生产成本的70%，中国电视产业的利润自然被大幅度挤压。

面对这种国际化困境，中国企业又开辟了另一条“捷径”，那就是收购国际品牌。中国的企业家们认为自己在收购了国际品牌之后，就会自然而然地承接国际大品牌的市场优势，在国际化市场中得到良好的发展。可真的如此吗？且不论中国企业自身是否具备相应的服务质量、管理制度、企业文化，就说中国企业家的个人能力，真的能在这样快节奏的转型中适应国际市场环境吗？美国人就曾经说过："我们从来不怕自己的企业被中国人收购，我们知道，今天他们花十美元买走，我们明天就能花一美元买回来。"

联想无疑是中国中小企业国际化转型的"典范"，联想在成立发展的几十年间，进行了多次企业转型。而国际化转型对其助力可以说是最大的，并购了 IBM 的联想才能取得如今这样的发展。

但在联想过去的转型中，除了第一次业务模式的转型，联想在深厚的品牌积累下自然而然地完成了从代加工向自主品牌的转型外，其在多元化和国际化转型中都付出了高昂的代价，其多元化转型更是以惨败收场。

2013 年 4 月 23 日，杨元庆开始在其全球各个大区进行演讲，大力宣布 2013 年为联想的"转型年"。杨元庆在讲话中提到，"联想已经到了必须转型的时候，这并不是一个可选择的问题，而是联想时下最急迫的问题"。

联想新一轮的转型重点集中在移动互联网产业，联想早在 2010 年就提出了向移动互联网转型的战略，但却一直没有什么实际行动，其效果也自然是微乎其微。但到如今，杨元庆已经迫不及待地要大力促进移动互联网转型了，市场也一直流传着"联想将收购黑莓"的传言。对此，杨元庆也暧昧地表示，"既然大家都这么期待，那我们要不做些什么，就真的对不起媒体朋友们了"。

但联想在移动互联网产业中的国际化转型，真的能够依靠并购而取得个人电脑业务的成功吗？

通过对联想的个人电脑业务国际化进行的具体分析，联想之所以能够依靠收购 IBM 的 PC 业务而成功国际化，完全是因为时下个人电脑产业还是以组装销售为主，真正核心的软件、硬件技术仍然被微软、英特尔等国际巨头掌握，个人电脑业务的国际化并不会为联想带来什么专利权上的纷争。

然而，在以智能手机和平板电脑为主要载体的移动互联网业务中，专利壁垒将成为联想国际化转型的关键性阻碍。而市场上之所以大量流传着“联想将收购黑莓”的言论，正是因为黑莓掌握着大量的技术专利。但另一方面，黑莓在苹果、三星等移动互联网巨头的挤压下，已经面临着严重的问题。

联想如果真的能够收购黑莓，就能够取得国际化转型中必需的专利技术。但在拥有这些专利之后，联想又真的能够做得比黑莓更好吗？

在欧美等发达国家，移动互联网产业的竞争主要以专利技术为主，而在这些成熟市场中，能够直接为企业带来盈利的又是运营商，由此看来，联想在欧美市场上无疑缺乏足够的运营商的支持。因此，联想智能将其移动互联网的国际化市场定位于印度、巴西、俄罗斯等新兴市场。这又意味着，联想虽然能够避免欧美市场的“专利战”，摆脱运营商不足的劣势，但又必然会陷入新兴市场的“价格战”环节。

在对我国国际化企业进行分析后发现，这些企业虽然能够成为名义上的“跨国企业”，但其在国际市场上并没有取得应有的盈利水平。如果只是通过不断挤压国内消费者的利益，去开拓国际市场的话，这些“跨国企业”必然会面临“捡了芝麻丢了西瓜”的尴尬局面。

首先，必须对企业的国际化需求进行分析。

国际化对于每个企业家而言，都是一个充满诱惑力的转型方向。而对于急于求成的中国企业家而言，企业转型就必然意味着企业的国际化。但对于国内中小企业而言，国际化真的是个合适的转型方向吗？企业在国内市场是否已经拥有了强大的核心竞争力呢？这一核心竞争力又能否为企业在国际市场上赢得优势？基于以上问题，企业家在考虑国际化转型时，必然要先认清企业是否有国际化的需要。

其次，必须塑造出企业的垄断性优势。

企业要向国际化转型，就要站在产业链的高度进行整合，只有这样才能在市场扩大的情况下，赢得更多的利润。而要在国际市场拥有一席之地，企业家就必须先着手进行企业的技术、管理、品牌的国际化转型。国际市场的广阔，意味着企业家必然会在其中面对更严峻的市场竞争形势。企业家如果还是停留在国内市场竞争的思维惯性，则必然会被成熟的国际市场打击得体无完肤。

因此，企业家必须时刻保持一个清醒的头脑，企业必然要在广度和深度上有了相应的优势，才能避免踏入国际化转型的陷阱。

第四节　深陷“多元化扩张”泥潭

多元化转型同样一直受到国内企业家们的青睐，在改革开放之初，国内市场还处于起步的大量空白需求阶段，值此阶段很多企业家依靠多种产品或服务，赢得了广阔的市场，取得了让人惊羡的收益。也正因如此，企业家们认为多元化转型是企业成功的必由之路，甚至很多国内学者还提出这样的结论：在发达的市场环境下，成功企业必然会以某一核心业务为主；而在新兴市场中，企业想要成功就必须走向多元化。

且不谈多元化对于企业转型是否具有必然有效的作用，就单看国内企业家的“多元化”战略，我们就能够看出，国内企业家们其实并不在乎什么是多元化，当然不会关注多元化转型与企业成功的连结点在哪儿。他们虽然资本积累微薄，但只是看到其他行业发展迅猛，就会迫不及待地钻入其中。房地产发达，中国企业家们就纷纷去“炒房”；股市全面飘红，国内企业家们就一拥而入；房地产和股市都变泡沫了，国内企业家们就变着法地去投机，“炒茅台”，“炒茶叶”，“炒古董”等做法举不胜举！

多元化本身确实是企业转型的一条路子，企业在获得一定市场优势后，开始进入相关或跨行领域，利用固有的品牌知名度迅速打开市场，再以其资本、产能、技术基础形成在新市场的竞争优势，从而赢得更大的市场和更多的利润。企业在这样渐进式的多元化转型中，必然可以取得长足的进步。但中国企业家们往往经不住各种短期利益的诱惑，而以一种“悍不畏死”的心态开启自己的多元化转型。联想在国际化转型成功之前，同样采取了多元化的转型战略，结果就是惨败而归。企业家都明白“贪多嚼不烂”的道理，但当真的出现某一强大的利润增长点时，企业家们容易经不住诱惑而采取非理性的多元化转型。例如，在房地产行业的疯狂发展时，雅戈尔、国美、长虹，甚至是李宁、森马等企业都纷纷投身房地产行业。

当然，我们也不能对中国的企业家们“一竿子打死”，确实也有相当一部分企业家在理性地实施着自己的多元化转型战略。五粮液在白酒市场做到国内顶尖水平后，就顺势以其雄厚的资本积累、酒类工艺、品牌优势为依托，开始进军酒精、威士忌等行业，五粮液的主业也因此得到了迅猛的发展，在20世纪90年代末期，五粮液依靠酒类业务实现了每年20%的增长。

而五粮液真正的多元化转型之路则起始于2000年，当时，五粮液已经成为国内酒类行业的“龙头老大”，而其多元化转型的方向选择仍极具理性，五粮液进军的行业虽然包括饮料、制药、塑胶、印刷、电子等二十多个产业，但其都与五粮液的酒类业务有着密不可分的联系。

其旗下的普什有限公司、宜宾制药厂、仙林果酒公司、精美印务公司、鹏程电子器材有限责任公司、雅知味有限责任公司等分公司，在十几年的发展中都取得了明显的成效，有的甚至帮助五粮液成为另一个行业的“老大哥”。

精美印务公司是五粮液最早成立的子公司，其印刷业务以中高档礼盒制作为主，这也与五粮液的中高档酒类定位有关。精美印务公司的成功发展，不仅为五粮液节省了大量的包装成本，而且其每年近十亿元人民币的营业额也为五粮液贡献了足够的现金流。

鹏程电子信息公司于 2001 年 5 月成立，其主要业务方向为永磁铁氧体和软磁铁氧体电子元件，这些都是五粮液酒类生产线的必要组成部分。五粮液在鹏程电子信息公司上的投入数目惊人，其生产、检测设备都是从国外进口的，其作为一家电子信息公司已经成为国内电子行业的巨头之一，华为 90% 的 EP13 产品都购自鹏程电子。

五粮液集团一直以一种相当理性的态度进行自己的多元化转型，在转型过程中，五粮液的技术、品牌优势都被运用到最大化，从而取得了转型的成功。而在五粮液的多元化转型原则中，我们可以看到这样三个明确的标准，即：三五年内能够做到行业前三；十年内做到行业老大；具备核心技术。

多元化可谓是把“双刃剑”，对于发展成熟的企业而言多元化确实是一条有效的转型道路，但对于自身实力不足的企业而言，多元化只会让企业陷入“多线作战”的泥潭。

首先，必须找到竞争优势得以运用的行业。

在对多元化转型方向的选择中，企业家们切忌选择只能运用资本优势的行业。企业家要想在新行业中取得同样的竞争优势，有钱并不是唯一的要素，相反，模式、渠道、品牌、技术等元素才更加重要。而在新的行业中，企业的管理制度、组织结构甚至是企业文化都要进行相应的改变，这些都是企业多元化转型中推脱不掉的巨大转型成本。而无关联的多元化转型，即使可能短期获得收益也只能让企业在不断的重构中浪费资金。

其次，要找到核心竞争力的复制点。

当企业在某一领域取得足够的竞争优势时，其在管理制度、资金运作、品牌宣传、技术研发等方面必然已经形成了相应的核心竞争力。而企业家想要在多元化转型中取得预期的效果，就要将现有的核心竞争力进行复制，以成熟的核心竞争力迅速进入市场，并再次赢得竞争优势。而对于核心竞争力无法复制的企业，多元化转型可以说是与其无缘的。比如，技术集中型的高科技行业、资本集中型的资源类产业、劳动力密集型的生产制造业，它们的核心竞争力都无从复制，毕竟企业技术投入有限、资本有限、市场劳动力有限。

大多数的中国企业在多元化转型中并没有足够的实力，中国企业家们必须消除浮躁，以更加理性的态度对待多元化转型，始终以核心业务为关注点，在核心业务成熟后进军相关行业，并以此反哺核心业务，这样才能以多元化转型提高企业的核心竞争力。

第五节　透视国内热点行业转型

企业转型创新越来越成为国内企业家们关注的重点，而信息技术行业作为国内最热门的行业之一，其转型创新一直被我们倍加关注。

信息技术作为中国市场的一个行业分类，在眼下的“信息时代”，有着最深远的发展前景，也具备着更充分的转型基础。更为重要的是，信息技术作为一种技术手段，对于全行业的企业转型都有着重要的影响。

信息技术不仅成为很多企业的转型动因，也成为很多企业转型的重要手段。在企业的发展过程中，市场的不确定性为企业运营带来了很大的不便，而大多数企业的转型也正是为了应对这一市场特性。在这种情况下，信息技术则为企业转型提供了基础——信息化管理平台的建设，可以有效地提升企业与利益相关者间的信息交流效率，对于企业内部管理、市场管理、产业链管理都有着积极的影响。

从改革开放初期，中国企业家们就开始摸索着自己的信息化转型之路。1986 年、1991 年，我国掀起了两次 MRP Ⅱ（Manufacturing Resource Planning，制造资源规划）应用高潮，但令人遗憾的是，这两次信息化转型都以失败告终，中国企业在这 MRP Ⅱ应用中投入的资金超过 80 亿元人民币，可成功者屈指可数。90 年代初，三维 CAD 系统又开始被一些大型企业所应用，可最后不但没为企业带来什么效益，反而成为企业的负担。到了 1998 年，ERP 又开始成为中国企业信息化转型的主流，但其效用仍然有限。

中国企业一直坚持着信息化的转型道路，中国信息技术企业也随之得到了充分的发展。但信息化转型往往无法为企业带来预期的效果，这并不是因为中国信息技术的薄弱，更多的是因为企业家在信息化转型中只关注了信息技术的重要性，却没有进行相应的模式转型与管理制度升级，这样的局部转型，最终无法为企业赢得整体效益。

中国的企业家们习惯性地将企业信息化转型的重心定位于信息技术，他们乐意于以各种手段去从国外引进或自行研发先进的信息技术，无论是软件还是硬件，他们都追求信息技术的先进性，并努力保持自己的信息技术处于行业领先地位。但企业家对技术的片面关注，使其将信息技术与企业管理分割开来，结果企业信息技术虽然先进了，却无法在企业管理中实现其应有的作用，最终使信息技术成为企业的一种摆设，反而拖累了企业的发展。

IBM 为信息技术企业转型和企业信息化转型提供了良好的范例。在联想借助收购 IBM 个人电脑业务完成国际化转型的同时，IBM 也顺利完成借助出售个人电脑业务而完成了自己的“脱胎换骨”。

个人电脑业务作为 IBM 的传统业务，事实上已经对 IBM 的发展再无贡献。IBM在2004年出售PC业务时，年度营业额已经达到900亿美元，而PC业务只实现了12.5亿美元的收入。IBM的PC业务在连年亏损中，不仅无法成为IBM发展的助力，还占用了大量的资金和设备资源。

而当时的IBM总裁彭明盛之所以那么果断地放弃PC业务，正是因为其发现了一块新的市场，彭明盛对该市场的估值达到了5 000亿美元。于是，彭明盛出售了其PC业务，开始踏上了自己的服务转型之路。IBM开始将业务核心转移到为企业提供信息技术服务，改善其业务流程。IBM的转型目标正是将自己打造为一个服务性企业，其所涉范围相当广泛，其他企业可以将除了核心业务以外的全部功能部门外包给IBM来打理。

随着信息技术的高速发展，全球市场的不断成熟，企业在信息化转型中已经不再以技术为核心，而是明智地认识到，“合适的才是最好的”。这也就对IBM过去的商业模式提出了挑战，在过去，IBM一直以开发出更加先进的软件、硬件为目的，而为了保证高昂的科研成本产生相应的效益，IBM也一直坚守着高价，即使其市场份额连年减少。而在企业家越发理性的全球市场环境下，面对同类产品高达40%的价格优势，企业家们自然会选择更便宜的产品，毕竟企业信息化转型并不一定需要最先进的信息技术。

在现实情势下，彭明盛的前任郭士纳便对其商业模式进行了一定的改变，将科研方向定位于“更广泛”而不是“更尖端”。郭士纳在任职的七年间，在“广泛的IBM”上投入了十亿美元，其大型机的价格也降至原来的4%！而事实的结果是，投资回报率增长了18倍！

虽然郭士纳对IBM进行了一定的改革，但仍然无法在IBM摒弃技术导向型的桎梏。于是彭明盛决定打破常规，不再遵循“技术→产品→客户”的业务流程，而是从客户反推，以“客户→产品→技术”的流程来真正实现IBM的“亲民路线”。

彭明盛鼓励企业员工到客户那里去了解客户的需求，以此开发出更适用的技术。当彭明盛来到沃尔玛总部，询问对方有什么需要解决的难题时，沃尔玛给出的答复是，“让每辆购物车能够带来更多的销售额”。

我们可能会疑问，购物车和信息技术有什么关系？只要把购物车做得更大些，装的商品多了，销售额不就上去了吗？

彭明盛则不同，他在IBM组成了一个专项研究小组，这个小组的成员包括了管理人员、咨询顾问和技术人员等。在小组的研究结果中，我们发现，消费者在超市中消费遇到的最大的问题是寻找商品，而不是购买商品。而为了提高消费者在超市的购物效率，进而解决沃尔玛的运营难题，IBM在购物车上加装了一个液晶显示器并配备了一台小型扫描仪。也正是这一改装，帮助消费者在有限的时间里购买到更多的商品，从而实现了沃尔玛销售额的提升。

可是，这样的改装成本与其带来的收益提升是否成正比呢？这又要归功于郭士纳的“广泛性”改革了，IBM在郭士纳任职的七年间，实现了研发、生产成本的大幅降低，而信息技术成本回报率大幅度提升的目标。

IBM 的成功转型为我国企业转型提供了新的研究方向，那就是以“综合解决方案”的服务性转型带动其他行业的信息化转型，再以其他行业的信息化转型需求促进信息技术企业的转型发展。要实现整个过程的良性运转需要企业家们注意以下两点。

首先，需要将信息化转型作为一个系统的工程。

企业转型是一个“牵一发而动全身”的过程，信息化转型作为企业摆脱传统运营困境的有效路径，其必然需要面对各种传统力量的阻碍。企业家必须将此作为一个系统的过程，以管理制度、组织结构、营销策略等环节的全面转型，促进企业的信息化转型，而不能只是关注技术环节。

其次，必须将企业转型作为一个协同共赢的环节。

正如之前多次提到的，企业无法以一己之力在市场竞争中获得优势地位。无论是渠道优势、技术优势还是成本优势，企业都要与利益相关者展开深入的合作。企业的信息化转型需要依靠信息技术企业提供的技术基础，而信息技术企业的商业模式转型则要依靠企业信息化转型营造的市场需求。二者相互依存，共同发展。

信息技术企业转型和企业信息化转型是国内企业转型的热点问题，而我们也要从中对企业转型有个更全面更深入的认识。

第七章

找到转型的“黄金期”

第一节　危机性转型：置之死地而后生

每个企业家都在考虑着企业转型的事，但究竟什么时候转型，为什么转型呢？有的企业是为了生存；有的企业是为了发展；有的企业则是为了“问鼎”。而在其中，遇到生存危机的企业，转型是最迫切也是最有效的选择。

据统计，中国中小企业的平均寿命不过三年左右，面临着生存危机的企业在中国可以说是一抓一大把。中国市场作为一个新兴市场，国内企业家在经营时总会遇到一些“致命性”的问题，有的是企业管理不善，有的是资金流缺口，有的是商业盈利模式的落后……凡此种种，不一而足，危机性转型成为很多企业家迫不得已的选择。

在这样的危机中，很多中国企业都是由于没有进行有效的转型而走向衰亡的。例如，巨人网络在初期发展快速，之后，因为巨人大厦方案的错误，其耀眼的成功也转瞬而逝。进入21世纪以来，中国企业遇到的危机性事件频频发生，三鹿奶粉、光明牛奶、王老吉、霸王洗发液等企业在最初都展现出了惊人的发展速度，但在一次危机之后，就迅速没落甚至倒闭。

企业家在其经营企业的过程中，总会遇到这样那样的问题。市场环境的复杂变化固然是其中一个重要的原因，但企业也必须认识到，之所以会在危机中显得无力而被动，企业家的决策是最关键的原因。无论是企业产品、服务质量危机，还是企业品牌、文化危机，或者是企业管理制度、组织结构危机，都可以依靠企业转型得到有效的削弱或解决。

很多企业遇到的危机问题，在最初都只是一个细微的错误，但由于企业家的处理不当和市场的无限放大，使得小错误最后演变成大危机，最终给企业带来无可挽回的损失。尽管企业不可能将运营的各方面做到完美无缺，但是可以提高企业应对危机的能力，而其中的关键就是企业转型力即转型的能力。企业转型相当于自然界的基因突变，而企业基因突变的能力就是所谓的转型力的提升。

事实上，很多企业家都依靠在危机中的转型，而转危为机，从而引领企业攀上了新的高峰。危机发生之前通常都会有一些征兆，当企业管理人员频繁变动时，企业管理必然存在着问题；当企业产品服务质量与企业效益有明显差异时，质量危机的发生可能就急剧增加；当银行开始“催债”、股东开始撤资时，企业的资金流就会不畅；当企业收益构成中，主营业务所占比例下降时，企业家就要考虑眼下的商业模式、运营管理模式是否合理；当房地产投资占据了企业大量的现金流时，企业就可能因投机行为而陷入危机……如果企业家们可以捕捉到这些危机征兆，就可以防患于未然，从而最大限度地降低危机发生的可能性和危害性。

随着移动互联技术的高度发达，智能手机、平板电脑等产品在市场上越发受到消费者的喜爱，而个人电脑产业则随之进入了衰落期。也正是在这种情况下，“超极本”“变形本”开始成为笔记本市场的主流方向，在此潮流推动下，微软开发了以触摸式操作为主的“Windows 8”。硬件、软件都进入了新一轮转型期，相应地，传统芯片商则陷入了生存危机。

在传统芯片商中，英特尔和 AMD 无疑是行业的龙头老大，但据 2012 年第三季度的报表显示，两家企业都进入了营业收入和净利润“双下滑”的危机时代。英特尔在当期净收入为 136 亿美元，而利润仅为 30 亿美元，企业业绩同比下滑了 14%，这对于一直处于高速发展期的英特尔而言，可谓是“当头棒喝”。AMD 在传统芯片市场一直不敌英特尔，在这次生存危机中受到的伤害也更加巨大，其三季度营业收入同比下滑高达 25%，去年同期尚有 9 700 万美元的净利润，到如今竟然是 1.57 亿美元的净亏损！

在遇到这样的“滑铁卢”式惨败后，传统芯片商，尤其是英特尔、AMD 都陷入了生存危机。而个人电脑产业的黯淡前景，也让处于个人电脑产业上游的传统芯片商们苦不堪言。

为了应对这样的危机形势，英特尔、AMD 纷纷开启了自己的危机性转型。其转型方向正是拓展企业业务，向移动芯片市场进军。在 2012 年第四季度，英特尔就发布了专为平板电脑设计的 X86 架构 CPU——Atom Z2760，同时展开了与众多移动互联终端商的合作，尤其是通过与中兴的合作，开始进军中国发展迅猛的“千元机”市场，为了进入“超极本”市场，与“Windows 8”开展合作。AMD 则干脆放弃了与英特尔的竞争，转而一心一意求生存，在以 Z－60 处理器进入平板电脑市场后，就开始将企业主业向云计算等新兴市场转移，并借助与移动芯片商 ARM 的合作，进而跟上了移动互联网发展的潮流。

即使英特尔与 AMD 都已经认识到了自己的危机处境，但对于发展已久的移动互联市场而言，英特尔与 AMD 仍属后知后觉，其在传统芯片市场的竞争优势最终无法有效转移到移动互联市场，而 ARM、高通、英飞凌、德州仪器等移动芯片商更是犹如一座大山，阻碍了英特尔和 AMD 的转型，因此说，二者想要在新市场重新获取过去的优势地位真是难于登天。甚至有分析者指出，2013 年将成为移动互联网和智能手机发展的一个界点，如果英特尔和 AMD 无法成功转型的话，则可能成为第二、第三个诺基亚，由此走向衰落。

危机中的转型可以让企业具有更大的转型动力，而转型阻力也会随之降低。但在危机环境下，稍有不慎就会“满盘皆输”。要想博弈成功就得审慎行事。

首先，必须提高对危机诱因的认知力。

每个企业在运营中都会存在着各种问题，但不是每个企业都会因此而陷入生存危机。如果能够在企业运营中不断发现问题、解决问题，就能将问题演变成危机的可能性降至最低。如果等到危机发生，自然会使人“措手不及”，匆忙状态下采取的应对措施很有可能是收效甚微，甚至起着相反的作用。因此，企业家必须提升企业转型力，从而及时找到危机可能发生的诱因，并快速解决。

其次，要以系统的转型应对危机。

很多企业家在危机发生时，会采取“头疼医头，脚疼医脚”的转型措施，但我们必须要认识到的是，当企业因某个小问题而陷入生存危机时，必然是企业整体都处于一种“亚健康”的状态。无关痛痒的质量缺陷被放大到企业的质量危机，往往基于消费者对企业的信任度降低，而企业危机应对制度、企业家的态度、与利益相关者的关系等都或多或少的起着“推波助澜”的作用。企业家必须在危机发生时，对危机产生的原因进行全面的分析，从而以系统的转型应对危机。

经济全球化的加速发展，各个跨国企业进军中国市场，加之中国企业家的不成熟使得中国企业的危机发生率急剧上升。在危机发生时，我们必须以危机性转型带领企业“置之死地而后生”。

第二节　成长性转型：跨越鸿沟　迎来晴天

企业家想要把企业做大做强，就要保证企业在不断的成长中能够跨越鸿沟，进入新的成长阶段，从而最终迎来企业的晴天。

企业在开办之初，更多是依靠企业家的个人能力来发展。企业在创业期时在资金、人力、渠道等方面往往都显得资源匮乏，这也是企业家在创业期都“一个人打拼”的原因。在创业初期，较小的企业规模便于企业管理，较低的运营成本减轻了企业家的负担，但市场开辟和拓展往往显得格外困难。

但随着企业家的不断奋斗，企业就会进入一个较好的发展期。此时，企业规模的扩大、企业员工的增多，致使企业家仅凭其个人能力与精力已经不足以应付企业管理。这时，企业家则需要对企业组织结构、管理制度有个明确的设定，并招聘专业化的管理人才来组成一个管理团队，以此弥补企业家在时间、精力、能力方面的缺陷。

管理层次的增加使得企业管理效率因“中央集权”式的决策而大幅降低，管理人员也会因为权限的缺失而无所作为。这时，企业家就要给予每个层级的管理人员相应的权限，以更加规范的管理制度提高企业的运营效率，同时提高企业管理人员的执行力。

然而在授权时，企业家往往陷入一个尴尬的局面：授权过多，就会使自己对企业缺乏掌控，管理人员的职能缺失也会给企业造成损失；授权不足，又会使企业管理不协调，各部门之间就难以开展有效的合作，以致运营效率低下。因此，我们就要引入一套完善的管理信息系统，以方便企业家对管理人员的行使权进行监督，并根据企业需要再次对企业组织结构进行调整，以项目团队的形式对企业进行精细化的管理，也可以对管理人员的权力进行有效分割。

当企业发展到行业领先甚至是国际领先的地位时，过大的企业规模、长久的发展历史，会使企业像个老人一样行动迟缓，其中的传统力量对企业进一步发展造成了巨大的阻碍。这时不妨对企业进行分拆，或采取多元化转型来提高企业活力。

企业在成长中往往会经历以上几个阶段，而每个阶段的升级都意味着企业的一次全面转型。成长性转型可以让企业有序的发展，不断跨越阶段间的鸿沟，相对于危机性转型，是一种更为平稳的过渡方式。

因此，相对于企业危机性转型而言，企业在成长性转型中，更多是以摆脱所处阶段的限制，实现更高程度的发展为目的。奇瑞发展到今天，已经能够成为国产汽车的阶段性品牌。在其创立发展过程中，成长性转型就发挥了不可忽视的作用。

奇瑞汽车在 1997 年才在安徽芜湖开工建厂，1999 年才生产出自己的第一辆汽车。可以说，相对于其他国产汽车品牌而言，奇瑞真正是一个后入门的“小伙子”。而奇瑞汽车于2001年正式上市之时，就以低廉的价格成功打入了尚不成熟的中国汽车市场，并以单品牌汽车年销售2.8万辆的业绩引起了国产汽车企业的注意，发展到2002年就跻身国内轿车行业的“八强”之中，成为中国汽车市场的一匹黑马。

2004年，奇瑞汽车遭遇了其第一个成长性瓶颈。由于中国汽车低档市场在当时存在大量的需求空白，因此，奇瑞以其低成本战略，打入中国轿车的中低档市场就是件相当容易的事，以致2002年创下了超过5万辆的销售量。在迅猛的发展势头下，定出了2004年18万辆的销售目标，但令人失望的是，随着市场低端市场饱和，奇瑞在2004年的销售量不足9万辆。

于是，奇瑞选择了转型以突破这一瓶颈。在低成本、质量差的奇瑞品牌形象刚刚形成时，奇瑞汽车就开始着力于自主技术研发。奇瑞在技术上的大规模投入，不仅为奇瑞摆脱了中低端市场的“魔咒”，更让奇瑞看到了“另类”的低成本战略——以高自主技术含量，在将汽车质量提高一个档次的同时，以自主技术降低技术成本。

在技术性转型的一年后奇瑞就又一次迎来了自己的发展高潮，2005年，奇瑞的年销量达到18.9万辆，比2004年增长了不止一倍。而当年，奇瑞已经占据了国内轿车市场6.7%的份额，成为国内轿车行业的第七名。

到了2006年，其行业排名更是上升到了第四位，销量再次增长62%。不仅如此，在2006年，奇瑞向美国出口发动机超过1万台，而每台发动机都拥有奇瑞的自主知识产权，这对于中国汽车企业而言，是一次“零”的突破。同年，奇瑞又与意大利菲亚特集团签订了数量达十万台的发动机订单。

奇瑞汽车在其成长过程中，不断地进行转型以应对成长瓶颈。在奇瑞的成长性转型中，自主知识产权始终作为转型核心，多元化、国际化转型又一次以此为基础而走向成功。

每个企业在成长中都会遇到阶段性瓶颈，企业家只有以转型进行突破，才能在不断地攀升中见到峰顶的美好。

首先，转型突破必须结合实际。

无论是企业家个人还是企业整体，其能力和资源都具有有限性，在企业的不断发展中，企业家必须量力而行。当企业的发展渐趋平缓时，我们不能急功近利地以投机行为或不适当的转型来快速提高企业销售业绩。我们应对企业的阶段性问题有个明确的认识，从而进行相应的转型，进而使企业可以走上可持续发展之路。

其次，必须以提高盈利水平为转型核心。

企业发展的最终目的在于提高盈利水平，获取更多的利润。因此，我们在成长性转型中必须紧抓这一核心问题，而不能盲目地追求企业规模的增大，或是短期效益的增加。任何转型方式都是企业提高盈利水平的手段，我们不能本末倒置，如果只是盲目地采取国际化、多元化、信息化等“概念性”的转型，那么企业就不可能真的跨越阶段性的鸿沟，仅是获个好听的名头而已，甚至会因投资失误而陷入发展的泥潭。

总而言之，在企业成长中，企业家不能想当然地“以不变应万变”，而要以不断转型应对企业面临的成长性难题。

第三节　短命企业转型：不能短视

中国企业之所以大多“短命”的一个重要原因就是：企业家的短视性行为与企业战略缺乏整体性、前瞻性思考，而是以局面的、短期的经营为主。

中国的企业家大多以盈利机会的挖掘作为转型重心，他们通常认为，在不断挖掘新的盈利机会中，企业就自然而然地可以不断地成长发展。此种情况下事实却难如所愿，企业家的短视会使得企业在发展中缺乏对危机的发现，而最终在某次突发事件后陷入生存危机。

企业家在对新获利机会的挖掘中需要投入大量资金，如果此时企业主营业务发展尚不成熟，这种短视行为通常会引发企业资金流的不稳定甚至资金链的断裂。主营业务尚且缺乏足够的资金支持，企业家又要投资新的业务，结果新的业务没能为企业带来预期的收益，主营业务的发展也无从进行，最终只能成为“短命企业”。

95% 的中国企业平均寿命不超过 7 年，可谓短命。这并不是说，短期利益对于企业发展不重要。事实上，短期利益是企业能够活在当下的一个重要支撑点，但如果企业家只想着“碗里的”，却不去看看“锅里的”，那么自然不会“吃的”更多。企业家们都知道制度建设、文化营造等问题的重要性。但有的企业家经不住短期利益的诱惑，有的或许是因为企业生存的压力，他们在企业的长期发展规划上的投入都乏善可陈，即使是一些更具前瞻性的业务，他们的关注也微乎其微。

对于企业发展而言，目标的设置起着相当重要的作用。但中国的企业家们所设置的目标大多显得单纯，赚更多的钱成为大多中国企业家的经营目标。这也是当今中国市场环境混乱的原因，不管是什么企业，今天炒股，明天炒房，后天炒白酒……相对于普通投资者而言，企业家拥有更多的资金优势，其信息来源也更加广泛，这就使得他们在市场投资中更具优势，这也就形成了中国企业家纷纷热衷于投机的现象。

当对那些历史悠久的企业进行研究时，我们就会发现，没有一个企业的老总将企业的经营目标定位于短期收益。例如：IBM 一直以 IT 业的“蓝色巨人”为目标；三星重工则将“世界第一”作为企业的目标；苹果更是以品牌文化的传播为目标；日本企业更是以长寿著称……他们始终将企业发展重心维持在某一特定领域，日本的龟甲万年生产酱油已经有 370 多年的历史了并且销售收入也超过了 20 亿美元，但并没有投身到果汁、葡萄酒等“快钱”行业。

在 2012 年以前，中国电线电缆产业一直都维持着高速的发展态势。这自然要归功于中国的高速发展，尤其是基础设施的大规模建设，这一阶段，电力产业、数据通信业、造车造船业等都飞速发展，随之电线电缆的需求也大幅提升。但全球金融危机的发生和中国 GDP 增速的放缓，都使得中国电线电缆业进入了产业“寒冬”，产能过剩、需求不足，电线电缆业的“倒闭潮”已现萌芽。

在 2011 年，中国电线电缆业产值实现了 28.3% 的增长，更是首次突破了 1 万亿元人民币的大关，为这一行业创造了高达 680 亿元的利润。但当我们对其利润率进行计算时，就会发现其利润率不足 6%，这一数字也低于中国电工行业的平均利润，即使与 2010 年相比也是明显下降的。

这一切的根源正在于中国电信电缆业的短视行为。假冒伪劣、缺斤少两等现象充斥着中国市场，而低薄的利润又促使企业家们降低产品质量，从而以较低的成本维持生存所需。这也就造成了在中国大规模投资基础设施的环境下，中国电信电缆业仍然与世界平均水平有着较大的差距，更不要说与欧美发达地区相比了。

电线电缆业是一条相当系统的产业链，原材料采集、产品设计、批量生产、产品销售、回收再利用等环节都蕴含其中。但中国电线电缆业企业却只着眼于短期利益，盲目地进行规模扩张，以迅速捞取中国快速发展中的利益。企业家们忽视了技术和产品的升级，只是做着投机行为：居民区建立，他们就都去生产网线、电线；发电厂设厂，他们就去生产大型电缆；高铁、动车铺轨，他们就去生产火车电缆……最终造成中国电线电缆业重复建设问题突出，而在过剩的产能中，又无法形成有效的精准定位，科技创新的落后又使得核心技术大多只能靠引进。

电线电缆业的门槛并不高，中小企业能够一拥而入，从而致使企业整个管理层都以短期利益为核心。为了实现利润的最大化，他们以忽视的态度对待基层员工的利益，通过不断招聘低技能的员工来提高企业的生产规模，熟练员工留不下来，高级员工不愿意进来，企业就只能以较低的产业水平实现微薄的利润。

在当今中国的电线电缆业中，整个产业发展都陷入了生存困境。大批的企业倒闭又有大批的企业进来，但技术、产品创新跟不上，管理制度更显得原始，对于创新的不重视，使得中国电线电缆业始终跟不上国际水平的发展。而科学技术在不断发展，这就进一步压缩了中国电线电缆业的利润空间，中国整体行业水平也跟不上工业化的脚步，最终导致中国的高速发展因得不到有效补给而放缓，中国电线电缆业又因中国发展放缓而难以盈利。长此以往，这样的恶性循环若必将使整个产业都无法生存，因此，改变短视行为，进行企业创新转型，已经成为中国电线电缆业的必然选择。

无独有偶，中国电线电缆业存在的问题在中国大部分企业都存在，短视现象完全将企业获利建立在中国的全面高速发展之上，而一旦中国经济发展减速，他们就显得手足无措。那么，企业家们该如何改变不利现状呢?

首先，切忌将短期利益作为企业目标的全部。

企业想要获得长远的发展，就必须增强发现、解决危机的能力来保证生存；然后才能在挖掘获利机会的过程中实现发展。而在挖掘获利机会时也不能仅仅关注短期的获利能力。尽管短期利益对于维护企业生存有着重要的作用，但如果仅仅着眼于短期利益，企业必然会因为短视而缺乏长期发展的方向，最后陷入紊乱。

其次，要认清自身优势和获利机会。

企业挖掘新的盈利机会时要掂量一下自己有没有把握机会的实力。企业的资源是有限的，如果新机会与企业自身优势不能有效结合，企业就要将有限的资源分割出一部分在新业务上，这对于初创期的企业而言往往是致命的。企业同样要对新的获利机会有个清晰的认识，有时候，这些所谓的获利机会可能只是一个陷阱，盲目进入可能就成为博傻理论中“最后一个傻子”。

企业发展是一个漫长的道路，不是从企业中挖一笔“快钱”就迅速退场的游戏。因此，企业家不能短视，而要以前瞻性的眼光看待转型。

第四节　企业强势转型：差异化创新

众所周知，眼下全球市场都已进入了一个产品同质化的时代，消费者的消费动机已经不再仅仅是产品、服务的功能，而更多在于产品、服务能不能给其带来差异化的体验。在现今的市场竞争中，差异化竞争已经成为一个主流的竞争手段。

企业要提高自己的差异化竞争能力，就要提高企业产品、服务的附加值。苹果的产品在全球市场都热销，更是被中国消费者趋之若鹜，但苹果产品功能、售后服务真的有多好吗？事实上，对于中国消费者而言，由于移动互联网的限制，苹果系统相对于安卓系统并没有多强的优越性，而从产品质量上来说，很多国产手机也并不比苹果差。为什么苹果能热销？因为消费者都认可这个品牌，苹果也成为一种身份的象征。

在产业链的每个环节，企业都可以依靠差异化的产品赢得优势。但很多企业家对于差异化创新都存在着这样的误区：差异化就是独特。但如果企业产品、服务的独特性不能为市场所接受，企业实现的就不是差异化了，而是一种“特立独行”。当消费者都接受了手机“板砖”的形态时，你开发出了以“大小拇指”为感应点的移动通信设备，这其中或许科技含量很高，独特性更是奇高，但消费者真的能够接受吗？如果不能被接受，你的付出岂不是徒劳？

由此可知，企业在进行差异化创新时，如果忽视了客户价值，企业产品、服务就不会得到附加值的提升。相反，这样的“特立独行”反而会致使客户的“敬而远之”。

强势企业通常在市场中已经具备相当的品牌知名度、认可度，也占据了相当的市场份额。但在成熟的行业环境中，强势企业想要进一步提高企业的比较优势就越发困难——成本将无可降，价格也被压缩到较低的水平。这时，差异化创新就能以较低的成本为企业带来更高的回报率。

差异化创新不仅是研发差异化的产品、服务，也包括企业管理制度、组织结构、品牌文化等内容的差异化创新。企业家想要在市场竞争中获取核心优势，就必须以差异化的竞争手段，为企业打造难以模仿的商业模式。高透明度的市场环境下，企业的任何成功模式都会迎来市场的跟风模仿，但有些东西是其他企业学不来的，有些优势是“第一个吃螃蟹的人”才能取得的。

海尔之所以能从青岛的一个国有工厂，发展成为如今国际知名的品牌，正是因为在发展过程中，海尔始终坚持着差异化创新战略。

在 1984 年，海尔决定实施品牌战略时，海尔总裁张瑞敏就准确认识到了中国市场需求的发展，不再以产量提升为重心，如何提高质量成为海尔最关注的问题。张瑞敏砸冰箱的举动使市场充分认识到了海尔对产品质量的重视，而当时正是中国改革开放的初期，市场经济的观念还没有进入同行们的心里。也就是在这样的“市场空白期”，海尔以全面质量管理，将消费者需求作为企业发展核心，从而在中国市场树立起无可动摇的品牌地位。

海尔“以人为本”的经营理念，也为其技术研发、产品开发提供了正确的方向，以至海尔产品得以维持热销 30 年。而海尔的“以人为本”并不仅仅是针对消费者而言，其对于企业员工的关怀，也令中国企业家们自愧不如。海尔“真诚到永远”的品牌文化，就是这样由内而外地走进了中国市场。

20 世纪 90 年代初期，海尔开启了自己的多元化战略。当时，中国的很多企业都完成了原始资本的积累，开始扩大企业规模，并以多元化战略进军相关行业，占据更多的市场份额。海尔同样开始兼并多家家电工厂，将企业业务扩展到空调、洗衣机、彩电等新生产品。

但与其他中国企业的多元化扩张不同的是，在企业的多元化战略中，海尔始终以企业管理制度的改善创新为前提，并以产品质量为基础。也正是这样，海尔才避免了因“摊子铺得太大”而最终应付不及的局面产生。海尔的事业部改革和控制中心的创新，使海尔在多产品的产业格局下，能够有效地协调各业务部门间的资源配置，并促进其在相互合作中共同发展。

当海尔已经牢牢占据中国家电市场的龙头地位时，海尔又将目光投到了国际市场。国际化几乎成为国内强势产业的必然选择，对于中国的强势企业而言，中国 13 亿人的市场似乎总是显得太小。大部分中国国际化企业都将国际市场作为重中之重，而对于国内市场，这些企业的企业家们只是将国内作为低廉的劳动力和资源市场，而不是销售市场。海尔则在国际化战略中，将企业目标定为“三个三分之一”，即内销、出口、海外生产并重。海尔通过内销积累国际化资本，又以出口提高国际品牌知名度，再通过海外生产学习海外的管理制度和生产工艺，再以此维持国内市场的优势地位。正是这样的良性循环，保证了海尔能超越国内竞争对手。

海尔在其企业转型发展的过程中，从来不会跟风模仿国外企业的老路，而是在学习中结合企业情况和市场特性进行差异化的创新，从而提高自己的差异化竞争力。海尔的成功给我们以这样的启示：

首先，要提高市场洞察力。

产品、服务的同质化，消费者需求的个性化，是当今市场环境下的一个主要矛盾。企业如果能够捕捉到消费者的个性化需求，就能在差异化竞争中“稳坐钓鱼台”。我们必须明确的一点就是，独特性的提升与附加值的增加没有必然的联系，满足消费者个性化需求的产品、服务才能为企业营造竞争优势。

其次，必须增强创新能力。

创新能力并不只是技术、产品、服务的创新，而是企业全方位的创新是企业核心竞争力的创新。跟风模仿或许可以为企业带来一些短期利益，但要实现可持续的发展，赢得市场主导地位，企业就必须以核心竞争力的创新为主导提高企业竞争优势，而且这一优势是其他企业无法复制的。

企业生存发展的起点和终点都在于消费者，而在这个同质化的时代，只有能够满足消费者差异化需求的企业，才能维持自己的强势地位。

第八章

盈利模式转型，构筑核心竞争力

第一节 战略定位转型：确定新方向

很多企业进行转型时往往缺乏明确的方向，他们认为眼下是个转型的机会，就义无反顾地开启了转型。这个机会可能是某个盈利点的出现，或者是市场的一段繁荣时期，也可能是企业发展遇到的压力。不得不说，这些对于企业转型而言确实是一个良好的时机，但如果没有一个精准的战略定位，企业转型成功的可能性仍然很低。

在企业转型中，战略定位是最核心的要素之一，没有一个方向性的目标，企业家就会盲目的决策，而企业各部门、各员工也无法凝聚在一起。因此说，战略定位是企业转型的指导原则，也是企业发展的价值取向。战略定位直接决定着企业家的决策，因此也就成为企业执行力提升和利润增加的关键因素。

很多企业家并不是不懂得战略定位的指导性作用，相反，他们在对中国市场环境进行了一番分析后，认为中国市场变化太快，“今天大家喜欢南方暖和，明天又喜欢北方凉快”，企业在战略定位之下难免束手束脚。

在我国的企业发展中，我们可以看到的是，战术相比于战略更被重视，而战略定位也逐渐被战术目标取代，战略定位作为企业的一种愿景而失去了实际意义。很多企业家只是将战略定位作为企业文化中的一个“炒作元素”，以各种“假、大、空”的词汇组成一个虚而不实的战略定位。

有些企业则将企业战略定位集中在技术优势上，各种“高端名词”被运用在战略定位中，且不谈这些技术是否真的被运用到了企业发展中，就说消费者是否能确切理解这些名词的意义都是未知。当企业家以这种“一厢情愿”的态度进行战略定位时，企业的品牌宣传、文化营造也必然“接不上地气”，最终反而成为企业发展的累赘。

企业的战略定位直接反映了其经营理念，也是企业价值观的直接体现。战略定位除了能够赋予企业营销宣传以内涵外，更重要的是对企业内部管理的优化作用。企业家之所以需要制定一个合理、有效的战略定位，就是为企业设定一个可达成的战略目标。在这一目标的指引下，企业才能对部门、员工工作结果进行评估，员工才能一步步地为达成目标而努力，部门间的合作也才能得以有效进行。

随着中国移动通信行业进入全业务竞争时代，中国移动和中国联通都开启了战略定位转型：中国移动从“争创世界一流通信企业”转型为“做世界一流企业”，从“移动通信专家”变为“移动信息专家”；中国联通以“现代化的综合通信与信息服务提供商”为定位，摆脱了过去“基础电信网络运营商”的局限定位。

从中国移动和中国联通的战略定位转型中，我们可以看出，他们都在试图摆脱过去单纯的移动通信商形象，而开始以综合性的信息服务企业为新的转型方向。

从 2006 年年初开始，中国联通就针对新的战略定位，启动了一系列的转型计划。2006 年 3 月 28 日，中国联通正式发布了企业的新标识。新的企业标志形象地表达了中国联通“让一切自由连通”的战略目标，也宣告了中国联通正式进入 3G 时代，将以市场未来作为战略定位基础。

中国联通对此次战略定位转型的解释是，“中国电信行业已经不再是过去基于业务层面的‘异质竞争’，三大电信企业的全业务竞争，使中国电信行业进入了以消费者为基础的‘价值链竞争’”。这一理念也成为中国移动、中国联通、中国电信的共识，消费者需求作为新的战略定位的基础，使得技术不再成为企业竞争力的核心元素。将信息技术有效转化为应用，以满足消费者需求成为中国联通战略定位的理念核心。

不仅是新标识的发布，中国联通对企业业务也进行了全面的整合，以通信为主业、以信息为副业，并逐渐提高信息业务的重要性。在业务整合中，中国联通将目标消费者进行细分，从而推出了以中高档消费者为目标的“世界风”、更显年轻化的“新势力”、大众化的传统品牌“如意通”、以企业客户为主的“新时空”。在此基础上，为了提高中国联通在企业客户中的占有量和服务质量，中国联通又推出了“联通商务”，以解决企业客户的各种信息问题，并提高“联通10010”的服务质量。除此之外，中国联通的组织结构、资源配置、员工管理等都随之而变。

战略定位并不仅仅是营销定位，或是竞争策略，而是企业竞争力的核心要素，对企业转型的成功有着决定性的影响。

首先，必须对“现在”充分了解。

战略定位必然是以企业的“现在”为基础的，企业家只有在对市场现状、企业自身条件、竞争对手特性等有了充分了解后，才能制定出一个有效、合理的战略定位。过于宽泛或远大的战略定位，对于企业转型而言并没有实际意义，企业运营仍然会处于一种茫然的状态而毫无变化。为了规避这一问题，企业家就必须知道企业在当前市场环境中所处的地位以及所能发挥的优势，这样战略定位才能发挥出其指导性作用。

其次，必须对“未来”有所判断。

市场的多变性是很多企业家不重视战略定位的重要原因。其实，对于市场发展趋势，企业家并不需要作出多么细致的预测，而只需对其有个方向性的判断即可。在信息技术时代，战略定位必然要注重企业的信息化；而为了应对商品同质化的问题，以消费者为核心的差异化竞争又成为战略定位的重要组成部分。从企业自身来说，企业家又要对企业的发展速度有个较为准确的预估，战略定位必然是企业在今后三五年能够实现的目标，脱离企业发展能力的战略定位则形同虚设而不会产生什么切实意义。

企业家在企业转型创新之前，必须有一个方向性的认知，并以此为指导，这样企业转型才能有序地进行，而不会“风吹两面倒”。

第二节　客户目标转型：挖掘新目标

在大数据时代的背景下，互联网以及移动技术的深入发展使得客户汲取信息的渠道空前丰富。社交媒体的兴起也促进了市场主体间的沟通，仅仅新浪微博就有超过5亿的注册用户，腾讯QQ更是中国用户最多的网络沟通平台。

在这样的市场环境下，企业家想要依靠“信息不对等”来吸引客户、增加销量已经难以实现，客户也不再是市场主体中的“弱势群体”；相反，客户已经不再将自己作为“平均客户”的一员，而是以自己的个性化需求为消费目标。

企业发展正面临着客户目标转型的危机，如果企业家仍然将客户视为某笔交易的对象或某类客户的一员，客户必然会选择更能满足其个性化需求的企业。而如今很多企业之所以能够打造出自己的高端品牌，以较高的利润率被同行们所羡慕，正在于他们挖掘出了企业发展的新目标——客户目标。

在市场发展不成熟或企业初创时，企业并不能很好地将客户目标应用到企业目标转型中。由于企业在初创期多是先有了产品和技术，再进行市场推广，所以并不能很好地将产品、技术与客户目标相融合。而如果以客户目标分析为先，在市场分析上企业家必然要耗费大量的时间、资金，这对于初创期的企业而言无疑是无法接受的。因此，为了尽快提高效益，企业家只能以销售业绩的提升为企业目标，有的企业甚至只有销售部而没有市场部。

但随着企业的发展和市场的成熟，销售目标已经成为企业发展的一种阻碍，在信息化水平已经高度发达的今天，消费者能够对市场信息有充分的了解，而电子商务、物流运输的不断发展，也使地域因素对于客户的影响大幅降低。企业如果还是不顾客户需求的生产，或以“猜”的方式判断客户目标，那么，必然会被消费者义无反顾地抛弃。

在这时，客户目标转型也就应运而生，企业家应更多地着眼于如何满足客户需求、增加客户价值，通过对客户消费能力、消费动机、消费偏好等因素的全面分析，对企业技术创新、产品生产、营销手段等进行转变，以达成客户目标来完成企业目标。

在2012年11月的高管论坛上，东风日产首先提出了“客户导向，品牌向上”的企业新目标，并多次在企业内部开展“我能为客户做什么”的讨论会。为客户提供更高的产品附加值，成为东风日产的经营追求，而在其“人·车·生活”的企业理念中，“人”更是被放在了第一位。

2012年，中日关系恶化加重，在我国一系列“涉日事件”中，东风日产无疑遭受了惨重的打击。在销量大幅降低、品牌形象恶化的发展困境中，东风日产并没有选择“蛰伏”，而是迅速出台“安全保障承诺”——东风日产产品若在事件中遭到损坏、车主若因此受到伤害，东风日产将全额补偿。除此之外，东风日产又发布“品质无忧承诺”，承诺东风日产不会出现质量问题，更作出了“七天包换”的承诺。

这一系列承诺的发布使东风日产的车主在“涉日事件”中受到的损失降低到最小，而东风日产也因此塑造出勇于承担责任的品牌形象。东风日产以客户需求为目标的经营理念，也是其能在这次危机中转危为安的重要原因。

2013年，东风日产又进入了发展的“正轨”。在3月18日，东风日产推出了新产品——新世代天籁。在新产品的发布中，东风日产坚持了“七天包换”的承诺，更为客户提供了“60天免费出险代步”“3年CARWINGS智行+免费享”的服务。而其“一步到位”的定价策略也为客户消费提供了便利。东风日产在保证产品质量的同时，不断提高产品附加值，使客户需求得到极大的满足。

在汽车售后服务、二手车交易、汽车租赁等方面，东风日产同样为客户设计出了多样而全面的服务方案。正是在这样的目标指引下，东风日产得以荣获“2012 中国汽车客户关爱奖”，这无疑也是对其客户目标转型成果的认可。

满足客户需求的产品才具有销售的价值，企业家如果能以客户目标转型挖掘企业发展新目标，就能在产品价值的不断提升中获取更多的利润。

首先，必须更多地使用好互联网平台。

企业家们必须明白，互联网的高速发展对于企业而言，其实是利大于弊的。虽然企业在互联网时代将面临更大的竞争压力，但这也为企业提供了一个与客户相互交流的平台。以往，在实际操作中，企业家往往因为市场调查的成本压力，而无力进行客户目标转型。但通过互联网平台，企业家可以快速、有效地收集到客户信息，成本却十分的低。不仅如此，互联网对于企业营销宣传、售后服务等环节而言，都是不小的助力。

其次，必须适时的挖掘新目标。

在企业的初创期，企业家大多以销售业绩为目标，这一目标的核心意义就是实现企业的生存。随着企业的发展，如何打败竞争对手、占据更多的市场份额则成为企业家最关心的问题。但当企业家对市场竞争的本质有了清晰的认识后，就会发现，更好地满足客户需求，已经成为企业竞争的核心环节。在企业不断地发展、客户需求不断地变化中，企业家也必须以客户目标转型挖掘出企业发展的新目标，从而维持发展动力。

在这个“产品是道具，服务是舞台，客户是演员，企业是导演”的市场环境下，企业家必须真正地认识到“客户是上帝”，才能在目标转型中占据市场竞争的主动地位。

第三节 业务系统转型：划定经营圈

企业家在企业转型中，必须合理地进行企业战略定位或者目标转型，事实上，更多企业都是为了解决企业内部的方向性问题，以指导企业内各单元团结协作。

相对于解决企业内部的问题，企业家同样需要在企业转型中关注企业的外部问题，也就是业务系统的转型。企业业务系统包含企业外部各环节，包括人的问题，也包括产品的问题，本质上就是解决企业员工实现产品销售的系统性方案。

企业家要最大化地实现产品销售，就要通过营销策划解决产品设计和目标客户定位的问题。企业家必须首先对企业卖什么、卖给谁有所了解，才能运用市场信息收集和信息处理系统，以及专业的市场分析对企业的营销方案有所规划。

为了有效提高企业销售业绩，企业家就要对销售进程进行合理安排，根据企业自身的销售经验总结出一本销售手册，并将其作为新进销售人员系统学习的材料，让新员工在快速上手的同时，将老员工的经验在企业内部分享，从而实现企业销售人才的批量化生产。

如果企业能够打造出自己的销售平台，在销售渠道的拓展与整合中就能够大幅度提升销售人员的销售效率。在一个完善的销售平台之上，企业销售人员也能够有效地“组团销售”，充分发挥团队的力量；同时企业也能从中收集到更多的一线市场信息。

企业在实现销售之后，就要将注意力更多地放在老客户身上，毕竟为企业带来更多利润的始终是老客户。企业家在对老客户的维护中，可以花费比开发新客户更低的成本来赢得更多的销售收入。在客户关系的有效管理中，客户愿意对企业忠诚，而忠诚客户本身就是企业营销宣传的重要渠道，口碑效应的产生对于企业销售而言至关重要。

对于企业业务系统而言，风险控制同样是极为重要的环节之一。无论是合同风险，还是财务风险，企业家都要对其进行风险防范。很多企业为了尽快提高销售收入，而采取赊销、折扣等手段，但我们不能忽视风险与价值的平衡与否，如果销售收入带来的是企业应收账款无法及时回流、利润无法保证，那就真的是得不偿失了。

七匹狼实业如今已经拥有超过 3 000 家的实体门店，在其 2011 年开始进军电子商务领域后，电子商务业务每年都能实现 3 倍以上的增长，其所占比例也终于超过了 10%，销售收入超过了 2 亿元。

业务系统的不断转型为七匹狼划定了稳固的经营圈。七匹狼的运营总部已经从福建泉州迁往了厦门，这也意味着七匹狼正从一家服装制造企业向电子商务企业转型。七匹狼正在利用互联网技术促进自己的新一轮业务系统转型，其着重点就放在了营销平台的打造上。

在七匹狼的鞋类产品业务系统转型中，李宁作为运动品牌电商的先行者，一直是其重要的参考对象。在对李宁的分析中，七匹狼发现，李宁在早期的销售平台扩张中，更多的是以一种“招安”的方式将各个经销商归拢起来，无差别的提供其货源并允许其使用李宁品牌，这种方式虽然帮助李宁迅速拓宽了销售渠道，但是却令客户感到不知所措——各个经销商打着李宁的品牌，提供的服务、理念甚至是文化都相去甚远。从销售数据表面上来看，李宁的销售量确实是有所提升，但与其不断降低的品牌价值相比，实在是亏大了。

为了规避李宁业务系统转型的缺陷，七匹狼在此基础上对其进行了有效的整合，从而建立起一套有序可控的分销体系。

七匹狼在与分销商开展合作之前，都会对分销商企业特性进行全面的分析，并根据分析成果对分销商进行分类：擅长推广的做新品、擅长尾货处理的做库存、擅长数据分析的做市场……通过这样的分类，七匹狼在其业务系统中有效地实现了扬长避短，销售风险也被控制在了一个有限的范围之内。

七匹狼将其新的业务系统定义为“网络分销商的门户”，就是要将网络分销商整合在一起，将其打造成一个高效率的综合性平台，这样既能满足企业的营销需求，也为企业的客户管理增添了渠道。风险的有效控制使七匹狼这个电子商务的“后来者”，获得了后来者居上的结果。

首先，必须正视业务系统的重要性。

很多企业都会对营销方案进行策划，也会主动地打造自己的销售平台，或者完善客户管理制度。但很少有企业将这些环节看作一个整体，从而对其有个系统的认识。业务系统是企业对其外部问题的解答，只有尽可能详细的答案才能相互照应，最终有效地解决企业在市场营销、客户管理、风险控制等方面的问题。

其次，必须对业务系统有个全面的分析。

对于业务系统的完善而言，利益相关者的影响至关重要，无论是营销策划、销售平台，还是客户关系管理，又或者是风险方法，在这些环节中，我们都要与各利益相关者进行充分的交流、沟通与合作。因此，在转型业务系统时，必须要明确企业与利益相关者间的利益关系，从而以共赢的角度打造出一个和谐的业务网络。

业务系统的转型必然是以更完善、更严谨为方向，如果企业家只关注某一方面，就必然无法取得全局的成功。这就是“不谋万世者，不足谋一时；不谋全局者，不足谋一域”。

第四节　锁定价值链：为谁提供价值？ 如何提供价值？

企业家的盈利必然是以价值创造为基础的，而企业创造价值的过程必然是以各种企业活动为支撑的。不论是企业生产、市场营销，还是原料采购、技术研发，或者是后勤管理、人才管理，企业生产经营的所有活动都是企业价值创造的一部分，而这些活动的动态联结就构成了企业的价值链。

在市场经济不断成熟的形势下，我国的企业家们就不能再局限于价值链某个环节的竞争，单纯的产能竞争、营销竞争、技术竞争，都不足以成为企业营造决定性的竞争优势，只有整条价值链竞争力的综合提升，才能让企业立于不败之地。

那么，在价值链的整合提升中，我们究竟是为谁提供价值？又要如何提供价值呢？

消费者是企业盈利的直接来源，我们自然要为其提供更多的价值，以获取消费者的认可与支持。但消费者心目中的价值并不仅仅是企业产品、技术或服务，事实上，当我们与其他企业进行竞争时，也不会采取单一的竞争手段。不断地强调价值链竞争，是因为消费者所需的价值就是由价值链所有环节共同作用而产生的。

当企业能够为员工、供货商、经销商，甚至是行业和地区创造价值时，消费者的价值自然就会得到满足。

企业的每个生产经营活动都是价值链的一个环节，无论是在产品设计、生产、销售，还是在运输、售后服务环节，都可以为其他利益环节创造价值。

锁定价值链就是要锁定价值链的各个环节，将每个单元都有机地整合在一起，使构成的价值链的多个企业可以真正成为一个团队，而团队中每个成员都以价值链的提升为目的，在其整体的提升中提升自己的价值：经销商收集更多的客户信息、企业生产更符合客户需求的产品、供应商提供更便宜的原料……价值链的整体合作，可以更加有效地满足客户需求，甚至是超越客户的需求，从而在利润分配中实现价值链的共赢。

安踏在中国市场发展得越来越好，其签约的娱乐明显、体育明显也越来越多，对于中国运动品牌市场而言，安踏已经成为可以与李宁媲美的品牌。在 2008 年北京奥运会中，安踏更是以 4. 34 亿元的销售收入完胜李宁，在 2008 年上半年占据了国产运动品牌第一的宝座。

安踏对于价值链有着自己的认识，根据中国市场的需求特点设计出了独特的“垂直业务模式”。正是因此，安踏才能够维持每年毛利率增长超过 30% 的业绩，其资产状况更是优异，即使在中国服装业普遍陷入资金短缺的今天，安踏依然能维持现金流的流畅。

从成立之初，安踏就致力于锁定价值链的每个环节，以提升自己在价值链中的话语权为目标，无论是设计、品牌，还是采购、生产、销售，安踏正一步步地实现着自己的计划。

2005年，“安踏运动科学实验室”正式成立，这也是国内首家以运动科学为主题的实验室，安踏在价值链中锁定的最大目标就是价值链尖端的产品设计、技术研发环节，这也是价值链中利润最高的环节。“安踏运动科学实验室”成立至今，已经取得了超过50项的国家级专利。安踏也正是通过运用这些技术不断提升了产品的舒适度，使安踏运动鞋更具附加值。

除了技术研发环节，安踏在产品设计中也加大了投入，从耐克高薪挖掘了设计人才来提升产品设计质量。耐克 Air Force1 运动鞋的创始人现在已经成为安踏篮球鞋的设计总监，而与安踏广泛合作的设计工作室也曾与耐克、Asics 等品牌合作过，安踏正是以国际化的设计方案提高了其在国内市场的竞争力，也为其国际化竞争铺平了道路。

不同于在设计研发上的大力投资，安踏不断降低自己的生产规模，更多的则是将产品生产外包给国内更具产能优势的加工工厂。安踏的鞋类产品中超过一半是外包生产的，而服装类产品只有8%为自产。安踏主动从生产环节退出，既通过代工企业提升了自己的生产效率，又减少了自身固定资产投入，同时也为设计研发腾出了足够的现金流。

对于上游供应商，安踏也遵循着共赢的原则，供应商首先要具备相当的原料开发能力，而安踏采购团队也会为其保留利润空间。

“在产业升级的背景下，我们如果能成为价值链的管理者，我们就能在市场竞争中更具竞争力，而这种竞争力是全方位的，也只有这样我们才能在市场的重新洗牌中真正的崛起”，安踏总裁丁志忠说道，“要盈利就必须遵守游戏规则，如果不让你的合作伙伴赚钱，他们也就不会让你盈利。为供应商增值，他们就愿意与你共同进退。”

首先，必须提升企业的价值链整合能力。

企业想要融入价值链的整合中，就必须能够做到“能屈能伸”。在传统的市场竞争中，企业都是在自己具备比较优势的市场来获取利润。而当企业锁定价值链时就会发现，只要能够放弃企业的比较劣势，与价值链其他环节相互补充支撑，就能实现全价值链的比较优势。这就要求企业必须有相当的价值链整合能力，形成基于全产业链的价值平台。要具有组织弹性，允许企业在价值链合作中做到“假装糊涂、显摆聪明”。

其次，必须促进价值链整合的信息化。

很多企业家管理一个企业已经显得“心有余而力不足”，要管理整条价值链就必须引入更加先进的管理工具。信息技术的发展为价值链整合提供了可能，通过信息化管理能够尽快地总结企业信息并与其他成员进行分享，同时接受价值链信息促进企业转型升级。信息化管理能够有效地提升价值链整合效率，并将整合成果转化为实际效益。可以说，信息化对于企业家锁定价值链而言是至关重要的。

在价值链竞争的时代，企业家必须改变对市场竞争的片面性认识，不再局限于价值链的某一环节上，而是要管理价值链，为全价值链提供价值、为消费者创造价值，最终让价值链为自己带来盈利。

第九章

重新定义竞争对手，抢占创新利润池

第一节　为对手进行二次定位

企业在不断发展扩张中，竞争对手必然也在不断变化。一个企业的成长史其实也就是其竞争对手定位的演变史。

企业家要想让企业在市场竞争中具备竞争优势，就必须找到自己的目标市场，从而作出准确的竞争对手定位。很多企业家将这认为是一件很简单的事，企业的目标市场自然是企业产品对应的市场，竞争对手自然就是市场上与自己地位相当的企业。实际上，真的是这样么？

在全球市场还处于扁平化的时候，企业家能够较为轻松地找到自己所处的市场和竞争对手，然而，21 世纪以来，随着信息技术和经济全球化的发展，全球市场越来越呈现出一种“碎片化”的特征。当我们对全球市场进行划分时，会发现那就像一堆碎纸屑，被一只大手挤在一起，我们再也找不到自己所处的那块碎片，当然也不可能只处于一块碎片之上。

我们之所以要对竞争对手进行二次定位，正是因为全球市场的“碎片化”，使市场竞争不再局限于某一行业，而经常会超越行业的界限而存在。比如，卖摩托车的要和卖电动车的竞争，蛋糕店要和咖啡厅竞争，卖游戏机的则要和卖平板电脑的竞争，腾讯直接从电信运营商“口中开仓取粮”……这些市场竞争的主体分属于不同的行业、不同类型产品，只因为其服务对应的是同样的消费者需求。

在今天，企业对竞争对手再也不能简单地进行一次定位，而要在二次定位中让企业能够激励自身而不断成长。

经常会听到一些企业的管理人员自赞：“在我的英明管理下，企业已经处于行业龙头的地位。”可是，在市场经济高度发达的今天，我们真能因为这所谓的“龙头”地位而自满吗？事实上，只要管理者足够聪明，所谓的“龙头”“数一数二”也只是一种文字游戏而已，管理者可以尽可能地将目标市场定位到一个相当狭窄的范围，每家企业的产品、服务都有所不同，当我们对市场进行无限细分后，就会发现，每家企业都是其细分市场的“龙头老大”。

因此，当企业在某一细分市场获得了竞争优势时，企业家切忌骄傲自满，而要对竞争对手重新定义，找出真正与自己瓜分市场份额的企业。

劳斯莱斯可以说是世界顶级的豪华轿车品牌了，很多人会认为劳斯莱斯的款式老旧、造价昂贵，但在豪华轿车市场，劳斯莱斯一直处于“王者”的地位。

劳斯莱斯之所以造价昂贵，就是因为其在生产过程中大量采用手工劳动。人工成本占据了劳斯莱斯成本的极大部分，即使是在工业化水平高度发达的今天，劳斯莱斯的发动机依然是完全手工制作。其金色钟顶形的车头散热器是劳斯莱斯最独特的元素，散热器的格栅也仍然是通过手工和人眼测量来制作，在其制造过程中连量尺都不允许使用。一个小小的散热器模型往往需要工人一整天的工作时间才能制造出来，加工打磨又要耗费5个小时以上的工作时间。在人工成本高昂的英国，这样的生产模式导致了劳斯莱斯的生产成本从未下降过。

2011年，劳斯莱斯推出了古斯特加长版，而其全球首发地点选择在了上海。这也是劳斯莱斯第一次将车型全球首发放在了亚太地区。这当然是因为中国市场经济的高速发展，使劳斯莱斯作为一种奢侈品被中国高档消费者所热衷。

2010年，劳斯莱斯凭借新车型古斯特实现了2 711辆的销售业绩，这样的业绩对于其他豪华轿车生产商而言，无疑是惨烈的。但即使如此，这2 711辆相对于劳斯莱斯2009年的销量而言，也上升了一倍以上。在其售后调查中，劳斯莱斯发现，客户对于车厢空间有着更大的需求，因此，劳斯莱斯在2011年推出了古斯特加长版，并为其增加了全景天窗。加长版在推出后只接受限量的预定，在2012年才开始进行正式生产。

对于劳斯莱斯而言，其他的豪华轿车品牌，如法拉利、保时捷、宾利等，真的能够成为其竞争对手吗？对于中国这样繁荣的豪华车市场，劳斯莱斯全球市场总监乔里昂·纳什说道："我们的客户一般都不只拥有一辆轿车，他们通常在购买劳斯莱斯的同时，也拥有法拉利、保时捷这样的品牌。因此，我们的竞争对手并不是其他的豪华车品牌，而是其他的奢侈品品牌，无论是艺术品、珠宝、飞机、游艇，它们都在与我们争夺着客户的'小金库'。"

在日趋"碎片化"的全球市场中，企业仅依靠某一细分市场再也不能够的成功，而要对竞争对手二次定位，真正地实现企业盈利水平的提高。

首先，必须认识到"跨界需求替代"的市场特征。

当我们去研究那些利润巨大的产品时，会发现它们的竞争对手早就不局限于行业界限以内了。众多成功企业正在依靠"需求替代"产品开拓更高端的市场，以实现利润。比如，依云矿泉水之所以比其他矿泉水更贵，正是因为它将竞争对手放在了高档咖啡和酒精饮料产品上。因此，当我们认识到了"需求替代"的市场作用时，就会发现其对于企业销售利润的大幅度提升起着至关重要的作用。

其次，必须找到抢占自身利益的竞争对手。

对于企业所面临的市场而言，同行真的是最大的竞争对手吗？消费者的消费能力、消费需求是有限的，当其消费需求被满足后，就不会再去消费其他产品。难道有消费者会刚在咖啡厅喝了杯咖啡、吃了份甜点，又跑去甜品店来一份甜点吗？当然，“吃货”除外。企业家与竞争对手的竞争始终是立足于消费者需求之上的，企业家必须不断地对竞争对手进行二次定位，从而找出其他能够满足消费者同类需求的产品或服务才行。

企业家想要赚取更多的利润，就要打败竞争对手，那么对竞争对手的正确定位就极为重要，要避免“拳打在空处”的现象。

第二节　供应链制胜：快速响应与低成本管理

在竞争白热化的今天，如何以最低的成本集成资源、以最快的速度满足客户个性化需求是每个企业在管理企业中无法规避的命题，也是每个企业以最低的成本实现最高的利润的必经之路。几乎每家企业的财务人员都可以比较准确地统计出采购、制造、配送等成本，但是几乎还没有企业能在没有及时满足客户需求所带来的失销成本、库存积压成本等方面给出较为满意的统计数据，更不用说如何防范此类成本损失了。这就意味着企业家在经营时，既要全面考虑计划、采购、制造、配送等实物成本，又要综合衡量失销、库存等市场反应成本，以上成本之和构成了企业运营与供应链的总成本。

很多企业存在的问题实际上都能从供应链总成本上找到解答。有些企业能凭借其出色的营销能力而拿到优质的订单，却无法及时交货，反而付出巨额的违约金；有些企业所获利润率挺高，却总是遇到各种财务性难题；有些企业家抓住了市场盈利点，供货、生产、渠道等环节却完全跟不上；有些企业则耗费了大量的成本在仓储运输上……这些其实都是企业的供应链管理出了问题。

供应链管理的魅力就是让企业能够以最低的成本、最快速地满足消费者需求。这也是供应链被彼得·德鲁克先生认为是企业管理的“第三利润源”的原因。良好的供应链管理可以让企业同时实现低成本管理和快速响应，这就是企业运营的制胜之道。

企业家要想制胜供应链，就要对其有个完善的计划，以此来对供应链各环节进行管理。为了保证计划的成功性，企业家就要在供应链中建立一个合理的监控机制，作为企业快速响应和低成本管理的保障。当然，有一点必须注意的是，在追求快速和低成本时不能忽视了产品或服务的质量。

当有了这样一套监控机制之后，企业就可以按照手中的订单去进行原料采购了。原料采购其实是很多企业家感到头疼的问题。如怎么定价？怎么取货？怎么付款？这些事的落实常常需要企业家与供应商经过几次谈判，这就使得企业无法有效地进行快速响应。因此，我们必须努力将这套流程规范化，在一开始根据采购金额、采购频率、缺货影响度、供需关系等就与供应商协商好合适的合作模式，一般来说，企业的采购合作模式有以下六种（见下图）：

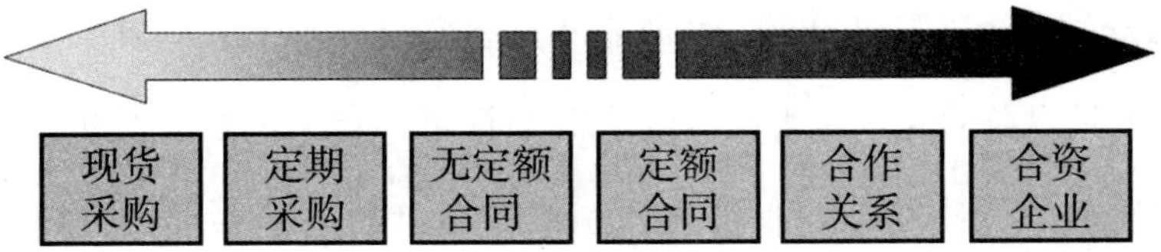

图3　企业采购合作模式

制造阶段经常存在批量生产单价降低与需求的个性化需求之间的矛盾，此外还要协调生产流程的规范，在保证质量的同时提高产量，相信每个企业家都对此有着自己的深刻体会。

物流号称时下中国最热门的行业，正是因为中国市场对物流有着极大的需求，这也就意味着，企业需要耗费相当多的成本在物流这一环节上。然而看上去非常发达的物流资源与物流占GDP比例远高于发达国家的现实告诉我们物流的创新还有很长的路要走。

供应链管理的最大创新在于它将单独存在于商业社会几千年的计划、采购、制造、配送等环节整合成系统，从追求局部最优到整体最优。这也为企业面临紧急订单需求时可能需要紧急采购、紧急制造或者陆运改空运等做法提供了完美的解释。只有从总体最优角度出发将供应链分解到每个环节，分别采取可行的效率提升和成本降低方案，才有希望从供应链上占据牢固的竞争优势。

沃尔玛超市里最引人注目的就是无处不在的“天天平价”，这也是沃尔玛能够更受消费者喜爱的原因。

但沃尔玛的低价与国内企业的“价格战”却有着很大的差异。沃尔玛从来不会牺牲必要的利润，来刻意压价。山姆·沃尔顿对沃尔玛的盈利模式有着明确的定义，那就是著名的“女裤理论”，不追求单件产品的利润率而是追求“利润率×周转率”的最大化。沃尔玛正是秉承这一理念，通过供应链的优化来降低成本，以价格优势来获得利润优势，从而能够在利润率普遍不高的零售企业中脱颖而出。

山姆·沃尔顿十分重视以供应链制胜市场，其对于供应链也有着本质上的认识，“供应链制胜的关键是——永远都要比对手更好地控制成本”。

沃尔玛在创立之初，为了避免大型零售连锁店的挤压，一直将城镇或是郊区作为自己的“主战场”。这样的策略确实帮助沃尔玛规避了惨烈的市场竞争，但供应链就成了一道难题，由于供货商大多集中在大城市，沃尔玛的采购效率一直无法提升，有时甚至会出现寄出了订单，却要过一个月才能收到货物的情况。

正是这样的生存压力，迫使沃尔玛从一开始就高度重视供应链的优化管理。为了提高企业的市场响应效率，沃尔玛开始在大城市建立自己的配送中心，以便供货商快速集中供货，沃尔玛也可以根据自己的需要为每个分店配送货物。配送中心的建立大大提高了沃尔玛的采购效率，但这样沃尔玛又多了一大块的成本支出。为此，沃尔玛决定以现代化的配送中心，即机械化的操作，在进一步提高配送效率的同时，降低人工费用。配送中心的建立使沃尔玛的每个分店从寄出订单到收到货物，只需要两天的时间！

当沃尔玛决定进军某一地域市场上，都会选择在该地中心建立配送中心，同时以 20 英里为间隔，快速在该地区开设分店。这样“遍地开花”式的扩张策略，不仅最大限度地实现了配送中心的作用，也使得沃尔玛在迅速饱和的目标市场中，能够形成该地的市场壁垒。

国内的零售连锁企业同样选择以低价提升竞争优势，但其价格降低大多源于对供应商的利益压缩，向供应商收取上架费、服务费等是国内零售连锁企业一贯使用的策略。沃尔玛则从不收取同类费用，沃尔玛清晰地知道，要在市场竞争中获得价格优势，就只有从源头降低成本来优化供应链。

企业家们要获得成本优势，只有两条路：一是实物成本的绝对降低；二是在市场反应的成本要低。而这两者都可以通过供应链优化得以实现。

第一，应树立正确的快速响应思维。

很多企业认为要做到快速响应，就需要有着充足的库存商品储备。事实上，过多的产品储备对于企业而言是一种负担，企业始终不知道明天市场需要什么，库存积压不仅造成了产能浪费、挤压了新产品的储备空间，更占用了大量的流动资金并带来巨大的贬值、变质风险。快速响应实际上是要求企业能够协调好供应链各个环节的资源，当企业捕捉到市场需求时快速调动供应链的各个环节，将符合需求的产品投放到市场中去。

第二，应努力把握客户的真实需求。

长期以来企业习惯于把客户所下达的订货合同等同于客户的实际需求，然而在具体的执行中却发现客户往往会要求提前或延后、增加或减少。有些大型设备制造商甚至抱怨说庞大的设备按期生产好之后却发现客户压根不具备收货条件。更何况处于供应链环节中的“牛鞭效应”进一步加剧了对客户真实需求把握的难度。

第三，要建立供应链管理“中央信息枢纽”。

一些大型企业在同时面临多项目、多产品需求时，有限的资源往往成为争强的对象。基于企业整体最优的角度建立需求优先顺序和资源调配机制成为首要因素。此外，供应链各个环节的实时物流动态和客户需求的变化及订单发货信息都是需要实时管控对象。

第四，对供应链流程进行价值流优化，删除不增值环节。

根据美国工业工程协会对全美六大行业数十家知名企业进行统计发现，整个供应链流程中增值环节占比居然不到10%。笔者曾经对国内一家著名企业进行了统计，再次印证这一观点的正确性。这个数字也许很多人觉得不可思议，我们随便拿个环节来举例就可以印证，想象一下供应商送货到仓库门口之后的流程吧：来料接受—IQC（来料质量检验）—入库，等待生产有需求时再忙不迭地从库房搬出，送到产线。也许企业都习惯了以上标准流程，然而当我们认清采购物料是为了生产所用后就会明白以上所有环节都没有产生增值。

第五，要灵活利用供应链管理“拉伸效应”。

无论如何准备，企业的产能与需求之间都会存在天然的不匹配。即便是从全年看上去一年的产能与需求比较匹配，也掩盖不了动态的不匹配。

这些不匹配表现在企业运营上就是带来订单不能满足而受到被动的“外包生产”、失销损失的供不应求或者产能浪费的供过于求现象。

如果企业能在需求淡季提前利用产能完成马上来临的需求旺季的部分可见需求，则是很好地利用了供应链管理“拉伸效应”。一方面缓解了当下的产能剩余浪费，另一方面又缓解了未来可能产生的产能紧张。不过生产提前可能会带来半成品或者是产成品的库存成本上升，把握不好甚至会带来库存积压，因此实施时需要具有较高的操作技巧。

第六，抓住敏捷供应链与精益供应链耦合，实现快速响应与低成本同步。

一直以来学界和企业界都在讨论是否可以同时获取精益生产的低成本与敏捷制造的快速响应。笔者在实践中发现当企业的精益与敏捷的耦合点、延迟战略的切入点、订单分离点和企业库存管控的核心点四点合一时，能够完全实现快速响应与低成本的同步。

第三节　满足客户需求总有别的方式

马斯洛的需求层次理论被广泛运用在各种与人有关的理论中，对于如何满足客户需求而言，我们同样可以从中学习借鉴。根据马斯洛的需求层次理论，人的需求由低到高分别为生理需求、安全需求、社交需求、自尊需求和自我实现需求。这一理论为我们尽可能地满足客户需求提供了更多的角度，企业家并不仅能以产品、服务的质量去满足客户需求。

在产品经济时代，由于产品的供不应求，为了满足客户的生存需求，农产品、锅碗瓢盆等作为生活必需品而更具优势。

但到了商品经济时代，人们的生存需求已经得到保障，商品种类繁多、供给充足，客户愿意也有能力去购买更具质量优势的产品，于是企业开始努力提高商品的质量和技术含量，以获得客户的青睐。但在这一时期，生存、安全需求仍然是客户的主流需求，客户的物质需求仍然没有得到满足。

随着商品经济发展到一定程度，客户的物质需求已经得到了极大的满足，客户开始为了追求更高的社会地位，满足自尊、社交需求，而更加渴望高品质的服务。这就造就了服务经济时代的到来，如果企业无法提供令客户满意的服务，客户就会选择其他服务更佳的企业。

到了现在，我们迎来了体验经济时代。社会生产力水平的高度发达、客户消费水平的不断提升，使得单纯的产品、服务都不再能够获得真正的市场优势，消费者为了自我实现而追求更具个性化、人性化的产品和服务。

当我们从经济时代的发展角度来研究客户需求时，就会发现客户需求已经发展到了最高层次。但当我们对不同的客户进行细分时，不同的客户由于收入水平、社交形式、消费习惯的不同，对产品和服务业提出的需求也不同。

一般而言，客户对于产品和服务的认识基本可以从三个角度来进行归纳，那就是核心部分、形式部分和附加部分。企业家们就能将目标客户的需求层次和产品、服务的价值体现方式相结合，找出更好的方式来满足客户需求。

澳柯玛作为一家电器企业，在普通消费者眼中知名度并不高，但其在商用冷柜市场却有着极高的知名度。

澳柯玛在制冷技术上具备极强的技术优势，其超微孔发泡、宽带气候、全无氟制冷等技术都处于国内领先地位，而为了满足企业、政府的不同需求，澳柯玛制订了全面的产品解决方案和服务增值方案，从而满足了客户多样性的需求。

澳柯玛在 2013 年推出的商超连体柜系列为超市等零售企业客户所热爱，作为一台商用冷柜，其制冷效果自然是不用多说，2℃ ~8℃的温控系统极大地满足了客户的制冷需求。商超连体柜还采用了更加优质的压缩机和高效蒸发器，使产品更加节能环保；名牌风机的融入使产品噪声大幅度降低，为消费者提供了更好的选购环境。再加上 R404a 制冷剂和独特的风幕设计，商超连体柜不仅制冷更快，且冷量稳定也更加均匀。

澳柯玛在对于零售企业的制冷需求作出了细致的研究之后，从产品设计和附加值方面对产品进行了极大的改善。

商超连体柜的设计充满了时尚的欧式元素，其透明的玻璃门、多层隔板为零售企业的产品陈列提供了便利，再加上超大的容积，客户就可以在有限的冷柜中展示尽可能多的产品。立体宽面的设计也让客户和消费者可以更为方便地从中放取物品。澳柯玛还创新性地将微电脑控温技术与冷柜相结合，使得冷柜可以全自动化霜。另外，冷凝水蒸发处理技术的应用，让客户不再需要频繁的向外排倒冷凝水。

而商超连体柜最人性化的设计则在于其“连体”，商超连体柜采取了分体结构，客户可以对多台商超连体柜进行拼接，从而根据自己的需要对其进行自由组合。

澳柯玛在对每款产品进行设计时，都以更全面地满足客户需求为目标，从产品核心功能到产品外观设计，再到产品附加值，澳柯玛都一直争取做到最好。

客户对产品或服务通常都具备几个层次的需求，企业家不能仅仅看到其中的一个，或者忽视了客户的其他需求，只是一厢情愿地以产品的核心功能为重。

首先，必须对客户需求有更全面的了解。

企业家只有在全面了解了客户需求之后，才能对其消费习惯、消费偏好、消费能力等因素做到全面的了解，才能找到能为企业带来更多利润的目标客户。只有以目标客户为指导，企业的产品、服务才能实现更大的利润。而当企业家注重主动了解客户需求时，企业也会在客户心中有着更好的品牌形象，这也是提高客户忠诚度的一种方法。

其次，必须在市场营销中有所创新。

企业固然要以客户需求为最大指导，但由于企业生产能力或策略等环节的失误，企业的产品或服务可能无法很好地满足客户需求。因此，我们要通过市场营销手段的创新，对客户的需求进行引导，找到客户需求与企业产品、服务的结合点，从而让客户需求满足产品。这作为一种营销手段可以很好地提高产品销量，然而这只能成为企业营销战略的补充，企业家仍需以客户需求为经营基础。

客户需求呈现出多样性、多层次性，这就要求企业家不能固守某一方式去满足客户需求，而应该努力挖掘客户的其他需求，从而以另外的方式去满足。

第四节　划分行业与企业的利润池

很多企业家大概对利润池这一概念还比较陌生，其实利润池从 1998 年被提出至今，也才十五个年头。当初，奥里特·加迪什和詹姆斯·吉尔伯特提出这一概念，就是为了帮助企业更加合理的制定企业战略。

利润池其实就是行业价值链中每个节点所产生的利润的总和。企业家如果能够对利润池进行全面的分析，就能了解在行业价值链中哪个节点能产生更多的利润，再根据企业在价值链中所处的位置来制定更加合理的战略，由此在价值链中获取更多的利润。这也就是利润池分析法对于企业发展的意义。

利润池分析法对于企业战略决策有着很好的支持作用，但由于行业价值链划分通常并不明确，而企业往往也会横跨价值链几个部分，因此得不到准确的定位，利润的确定也存在困难，此时利润池分析法对于企业家而言则显得复杂难行。

不仅如此，技术的不断发展、政策法规的变化、市场各要素的变化，再加上价值链内部的调整，使得利润池也存在着很大的变动性。

但当企业家能够真正通过利润池对行业有个深入的认识时，就会可能发现，整个行业与自己所认为的有着天壤之别。美国汽车业在1996年实现了1.1万亿美元的年收入，其中利润为440亿美元。汽车制造和销售创造了超过60%的收入，这也就造就了众多企业热衷于挤进汽车行业的行为，而很多汽车制造和销售商也都在不断加大规模。当哈佛商学院对其利润构成进行分析时，才发现真正占据大头的是一些汽车类金融产品，比如汽车租赁、保险等领域，特别是汽车租赁环节以27.3%的利润率远高于其他各个环节，而汽车制造和销售加在一起也未超过8%。这也是福特、沃尔沃等汽车制造企业转而大力打造自己的汽车租赁金融业务的原因。

收入高并不意味着利润大，企业家经营企业的目的始终是扩大企业利润，如果企业家辛苦扩大企业规模、提高企业产量，最终却获得远低于行业价值链平均水平的利润率，那就真是“杨白劳”了。

在20世纪90年代，摩托罗拉作为移动通信的先行者，其产品很快成为行业利润池中最赚钱的环节，而其先进的半导体技术也使其在价值链的技术、生产环节占据着优势地位。但到了20世纪90年代末期，摩托罗拉对利润池的迁移作了一个大胆的预测，基于卫星技术对窝蜂无线电话的重要性，摩托罗拉开启了自己的“铱星计划”，但移动通信技术的快速发展，使这一耗资上亿美元的计划迅速失去了用武之地。而摩托罗拉因实现这一计划而减少了在半导体业务和蜂窝无线电话业务中的投入，致使自己的利润池迅速被诺基亚等企业抢占了。

到了2001年，摩托罗拉已经为此错误的战略决策付出了高达58亿美元的代价，为了改变颓势，摩托罗拉裁掉了超过三成的员工，并回归无线电话业务，在一番努力下，终于获得了一定程度的发展。而在2007年的第一季度，摩托罗拉又出现了1.81亿美元的净亏损，从而丧失了欧洲及新兴市场的主导地位，这同样源于摩托罗拉在手机智能化中的落后于人。

为了再次挽回颓势，摩托罗拉不得不再次裁员、强化生产线、推出新产品、改变营销策略……但这一切却显得那样的乏力，摩托罗拉虽然实现了销量的提升，但微薄的利润率实在不容乐观。

如果不对行业利润池重新分析，摩托罗拉就不可能真正地走出生存的困境。2007年，陷入利润池危机的不仅是摩托罗拉，诺基亚在几年的高速发展后，同样失去了利润池的主导地位。诺基亚在2007年实现了3.7%的销量增长，但利润却降低了6.6%，这也是其为疯狂“价格战”所付出的代价。

移动通信技术的快速发展，使得移动通信企业必须紧跟技术和市场的脚步，从而对利润池的迁移作出正确的判断，否则，即使人手一部诺基亚，也无法保证诺基亚的长盛不衰。

尽管利润池分析法的实行存在一定的难度，但一旦我们找到行业价值链的利润池，就能以最小的成本取得最大的利润。

首先，应把握更多的价值链节点。

企业家不能紧抓着单一业务不放，虽然专精可以为企业在同行竞争中获得更大的优势，但如果企业所处的价值链节点利润率不高，仅靠单纯的规模化经营就无法带来更多的利润。企业家要把握住更多的价值链节点，就得占据利润池中更多的组成部分。企业不仅可以做生产，也可以采取直销的方式做营销，甚至可以挤出部分资金来做金融产品，这样企业就能有效的增加利润规模。

其次，可以对业务进行再细分。

利润池不仅体现在价值链的不同环节上，也体现在业务的不同部分上，不同的顾客群为企业带来的利润也有所不同，不同的销售渠道也可以实现利润的差异化。企业应根据产品、市场、消费者、渠道等因素对业务进行细分，对同一业务进行不同的划分，再按照利润率的不同来决定要着重发展的业务，从而在企业的利润池中游刃有余。

当企业家能够熟练地使用利润池分析法时，就能抢占行业和企业的利润高低，同时对利润池的迁移进行较准确的预测，这样就可以作出更有效的战略决策。

第五节 避免同质化竞争

中国很多行业都面临着同质化竞争的问题，特别是在信息技术、环保等新兴行业，由于其具有较大的盈利可能性，众多企业家一拥而入，单纯地跟风模仿却不进行创新，这使得中国各个行业不得不陷入“价格战”的困境。

中国各行各业的同质化竞争已经进入“白热化”的阶段，不仅是产品性能、外观，也包括营销、文化，各企业都在直接互相模仿、抄袭，这样的做法致使各品牌在市场中都缺乏辨识度，每个产品都显得毫无特色，与其他产品也更没什么差异。

在这种市场环境下，知名度不高的品牌就只能陷入“价格战”的恶性循环，而本身具备一定品牌知名度的企业，又要摆脱同质化产品的包围，努力提高自身产品的辨识度。

企业家要避免同质化竞争的一个有效手段就是对市场进行细分。企业的目标市场范围越大，就越需要满足更多消费者的共性需求，局限于此就更难以做出特色的产品和服务。当企业家对市场进行不断的细分时，就能找到最能发挥企业优势的切入点，通过满足消费者的个性化需求，做到真正的与众不同。

很多企业家对于消费者需求感到困惑，认为在细分市场上，消费者的需求太难以把握，实在无法做到满足。其实，只要我们根据消费者可能的需求对市场尽可能地进行细分，就能找到最具盈利价值的需求，通过满足消费者的隐性需求来避免同质化竞争。事实上，这种隐性需求对于消费者自身而言，往往也是模糊的、不清晰的。

当消费者去4S店选购汽车时，首先是对汽车的外观、发动机、安全性等进行区别，但这些元素作为汽车的基本元素，已经没有什么太大的差异性可言了，同一价位的汽车除了外观的细微差别外，就基本雷同了。那么，汽车制造商怎么来避免同质化竞争呢？那就只有从细节入手，有的企业认为不同身高的驾驶员对方向盘的角度要求也不同，因此设置出了可以调整角度的方向盘；有的企业认为男性驾驶员习惯在车内吸烟，因此在车厢内添加了自动排烟系统；有的企业抓住了新手驾驶员倒车难的问题，而优化了倒车提示功能……这些汽车都迎合了不同消费者的隐性需求，同时这也有效地提高了产品的辨识度。

由此看来，企业如果能够抓住更具价值的隐性需求，就能在市场细分的利润池中取得更大收益。

中国每年有1700万新生儿出生，也就是说，三岁以下的奶粉消费群每年都拥有超过5000万人。随着计划生育政策的多年执行，一个家庭中孩子变得较为稀少，这样每个孩子都被父母和祖父母宠在心里，这就意味着，奶粉在中国实际存在着3亿人的消费市场。

而奶粉的同质化竞争也使得“广告战”“促销战”层出不穷，在国产奶粉质量无法得到消费者完全信任的今天，进口奶粉市场的火爆，使其再也无法保持以前的“超然”地位，而陷入中国式的同质化。大批奶粉企业在大陆生产或二次分装，贴上进口奶粉的牌子，大摇大摆地就进入了进口奶粉市场。

在奶粉市场的同质化竞争中，“A奶粉”作为一家真正的原装进口奶粉品牌反而因为高昂的成本而在进口奶粉市场中缺乏优势，这样进口奶粉市场就被那些“伪进口奶粉”挤压了。

为了避免陷入这种同质化竞争的不良局面，“A奶粉”在每罐奶粉上添加了独有的“身份证号码”，消费者可以通过这一编码查到产品的生产地、生产日期、制造商、出入关信息、检验信息等全部信息，这些举措使“A奶粉”在进口奶粉市场更具辨识度，也更具可信度。

为了进一步提高奶粉的竞争力，“A奶粉”又根据部分婴幼儿由于早产或剖腹产而免疫力较低的特征，将这作为一个细分市场，开发出添加了乳铁蛋白的提高婴幼儿抵抗力的奶粉。针对部分婴幼儿吸收消化不良的现象，“A奶粉”又以“爱系列”产品提高对婴幼儿肠道系统的保护能力。

“A奶粉”正是通过这一系列的产品创新避免了陷入同质化产品的包

围圈，赢得了中国消费者的信任和支持。

同质化竞争对于每个企业而言都是百害而无一利的，企业家必须尽量避免同质化竞争，以此为企业的利润提供保障。

首先，必须尽量满足或引导消费者需求。

对消费者需求的挖掘是市场细分的前提，当企业能够挖掘出消费者的隐性需求后，就能开拓出专属于自己的细分市场，从而避免同质化竞争。而细分市场的最佳手段就是对消费者需求进行引导，在倒车提示功能被开发出来之前，消费者或许只是想要倒车镜的视野能够更广阔一些，但一旦倒车提示功能出现，消费者在同档次的产品中，必然会更青睐于具备此功能的产品。这就要求企业家以挖掘、满足、引导消费者需求为基础，对产品、技术进行创新。

其次，应降低对单纯销量的重视。

很多企业家十分热衷于提高销量，规模扩大被他们认为是盈利增加的前提。我们可以看到，劳斯莱斯每年只销售几千辆汽车，而奇瑞每年销售几十万辆汽车，它们的利润率能比吗？因此，我们必须改变传统对销量的重视，不断扩大在细分市场中的领导地位。销量越大的产品，越难做到差异化，因为它们需要满足更多消费者的需求，就需要牺牲个性去满足共性。

同质化竞争使每个产品或服务都有大批的替代者，消费者无法对某种产品或服务有忠诚度，企业就只能以更低的价格吸引更多的消费者，这是企业家必须避免的。

第十章

成功者的经验是最有价值的参考信息

第一节　创新领头羊——苹果公司

说到创新力（又称创新能力。创新是指科技上的发明，创造。后来意义发生推广，涉及各个领域，指在人的主观作用推动下产生前所未有的设想，技术文化等），苹果公司在世界众多企业之中一直处于领先地位。在2008年的“世界上最有创新力的50强公司”评比中，苹果公司占据第一名的位置。这次评比是由《商业周刊》和BCG创新学院合作开展的第一次评选，其权威性自然不言而喻。

苹果公司一直秉持着创新第一的原则，也正是因为其强悍的创新力，苹果的销售额在2007—2010年的三年间上涨了165%，其每股收益更是增长了96%。iTunes，iTouch，iPhone，iPad等产品每次被推出，都对产业格局造成了颠覆性的影响。

苹果公司无论是产品设计还是制作流程，都严格遵守创新的理念。

苹果公司要求其产品设计人员将每款产品都当作“礼品”来对待，让消费者都会对其造成的惊喜产生期待。苹果公司将消费者分为两种，一种是在圣诞节凌晨就急急打开礼物的人，一种是满怀期待到早上才打开礼物的人。而苹果公司的目标消费者就是第二种人，基于此，其设计人员会为产品赋予尽可能多的创新元素，这样消费者就可以在每次苹果产品发布大会上看到自己期待的礼物。

对于苹果的每款产品，我们都可以找到惊喜。iMac完美的外形、OS系统轻便的设计、iTunes完美的“享乐主义”……从产品外形到操作系统再到应用程序，消费者都可以从中获得满足，在其同行业中，我们很难找到哪家企业能够做到这一点。惠普的产品外形、微软的操作系统、谷歌的应用程序、索尼的音乐播放器等都受到消费者的喜爱，但它们没有哪家可以像苹果这样，将创新应用到每款产品的每个方面。

与其他电子企业不同的是，苹果公司的设计人员设计出的每个样品都要精确到像素级，而在其他企业，样品只要做出个大致的模型就好。苹果的设计师们只有将硬件或软件的每个细节都设计完全以后，才能将其交给项目经理审核。这很好地保证了样品和成品的一致性，从而避免了样品有着很好的概念设计，等到真正生产出来却相去甚远的问题。

很多企业都要耗费大量的资源在错误修正上，这就是因为他们对待设计样品的细节都是一种模棱两可的态度，结果就要面对最终产成品“走样”的风险。

首先，为了给予设计人员更大的创新空间，苹果公司要求每份样品都要拥有十种不同的设计。

这样设计人员的创新能力不会因为样品的唯一性而被挤压，同时，苹果公司的产品也因此拥有了不同的可能。项目经理在接到这十个样品后，会选择其中三个作为备选。当设计人员对其作出进一步改善后，苹果公司管理层就会研究并选出最终产品。这就是苹果公司特有的“10－3－1”创新模式，这一模式也是苹果公司能够在坚持创新的同时具备高效的原因。

苹果公司在设计环节上的创新并不仅在于设计人员身上，其每周两次的设计会议也为苹果公司的创新力带来了极大的提升。

每个星期，苹果公司的所有工程师、设计人员都会在一起开两次会议，第一次会议就是一次彻底的“头脑风暴”，与会人员可以针对公司所有的产品发表自己的想法，不管是设计中的还是已生产的产品，他们都可以在其中畅所欲言。第二次会议则是第一次的升级版，在第二次会议中，他们根据选定的议题进行讨论，无论是原因还是办法，或是其他的细节，都会在这次会议中被尽可能细化。苹果公司的创新力就是从这样高频率的“创新会议”中出现的，如果议题得不出完美可行的结论，则会被顺延到下周继续讨论。

其次，“消费者需要的创新才是有价值的创新”。

这也是作为“创新领头羊”的苹果公司能够深受市场欢迎的原因。

企业管理中有这样一句名言，“消费者要买的不是钻头，而是打出来的洞”。消费者购买的从来不是产品和服务本身，而是以此满足的某种需求。苹果公司的每次创新都会立足于消费者的需求，消费者想要的才是苹果公司努力创新的方向。

最后，苹果的创新并不局限于技术或是设计，其最重要的创新还在于其商业模式。

2001 年，iPod 作为一款数字音乐播放器被推向市场，其以时尚简洁的外观赢得了大部分消费者的喜爱。但其在本质上仍是一款 MP3，其实 MP3 本身并不具备多高的技术含量，很少有大公司将其作为主要业务，而且小公司生产的便宜的 MP3 又充斥着市场。iPod 在推出之初虽赢得了市场的欢迎，却不被投资者看重，但令人没有想到的是，正是这款产品改变了整个音乐产业。

苹果公司寄托在 iPod 上的野心直到 2003 年才初显峥嵘，苹果公司在 2003 年发布了支持视窗系统的 iTunes 版本。iTunes 作为一款网上音乐商店软件，第一次实现了版权音乐的集成，EMI、SONY 等主要版权提供方都与其建立了合作关系。

iPod 与 iTunes 的融合，使得在版权极受重视的欧美发达国家，消费者可以更快捷地购买到付费数字音乐。这也为欧美市场的音乐版权问题提供了极佳的解决方案，当付费数字音乐成为市场主流时，iPod 就随之成为市场的主导产品。到了今天，iPod 已经占据了北美音乐播放器市场的 70%，成为全球最畅销的 MP3。

2007 年，苹果公司发布了其最具价值的电子产品——iPhone。iPhone 与 iPod 一样，在进入市场初期，只是凭借其时尚的外观得到了部分消费者的喜爱，但在与三星、黑莓等主流手机终端的竞争中，仍不具优势。直到其网络应用商店 App Store 的发布，iPhone 才真正走向了火爆。眼下，App Store 已经拥有 35 万个应用程序，超过 100 亿次的下载量也为苹果公司带来了超过 100 亿美元的收入。

从“iPhone + App Store”与“iPod + iTunes”的成功中，我们可以看出苹果公司成功的商业模式创新，其平台式的商业模式真正实现了苹果、用户、内容提供商的共赢。

第二节　破译海尔转型之谜

海尔作为国内家电行业的佼佼者，如今已经走出了国门，在国际市场上发挥着举足轻重的作用。但家电产业的快速发展，使“白色家电”已经进入了“利润薄如刀片”的时代。

为了突破利润率低下的困境，转型对于海尔而言已经显得刻不容缓。事实上，海尔从成立至今，转型就从未停止过。海尔在国际市场上一直是作为一家家电生产制造企业而存在，而生产制造在价值链中一直是利润率较低的环节。因此，海尔在这次的转型中决定从根本上作出改变，从而成为“品牌、管理输出”的国际化公司，摆脱“产品输出”的形象。

海尔总裁张瑞敏对这次转型的定义为“淡出生产制造，专注销售和服务”。事实上，海尔为了这次转型，从很早以前就开始准备了。

从2007年4月26日开始，海尔开始实施“1000日流程再造”项目，其计划是在1000日内对海尔内部的所有流程进行创新，目标则是实现2000~2500个流程的再造。

2007年第四季度，张瑞敏又着手对海尔的组织架构进行调整，这其实也是顺应“流程再造”而开展的。海尔在这次调整中，参考惠普公司的组织架构模式，将海尔的业务进行分拆整合，组成了白色家电集团、数码及个人产品集团等六大集团，又组建了市场创新支持中心、全球运营支持中心等七大支持中心。

首先，惠普将这一组织架构命名为“双亲模式”，其目的正是以此对企业进行有效的管理。

“父亲负责优化资源配置，提供技术、产品支持；母亲则赋予每个业务单元无微不至的关怀。”海尔则赋予了这一模式另一层含义，将六大集团作为利润中心、七大支持中心作为成本中心，从而对海尔的成本、利润进行有效控制，这也是海尔在“流程再造”中的必然选择。

当“1000日流程再造”取得一定的成果后，海尔在2008年又提出“零库存下的即需即供”商业模式，以在提高市场响应效率的前提下，降低仓储成本。

这一连串的转型策略，为海尔这次“抛弃制造业”的转型做了良好的铺垫。海尔也正是在不断地学习、实践中摸索出了自己的转型之路。

“双亲模式”至今都在海尔有效地运行着，但在这一组织架构下，海尔一直在寻找更有效率的管理机制。在传统企业中，管理结构一直呈现出“正三角”的特征，每个层级的员工都向其上级负责。但张瑞敏认为，很多大企业都会得一种“大企业病”，即规模的扩大导致企业机构臃肿，“正三角”的管理结构使管理效率变得低下，企业创新能力也逐渐下降。因此，张瑞敏在海尔实行了“倒三角形”的“自主经营体”运营机制。在这一机制下，员工不再向上级负责，而是向市场、客户负责，上级只是负责向员工提供资源。每个员工都在积极寻找订单，企业效益自然就会随之上涨。

而在张瑞敏实行“零库存下的即需即供”商业模式之初，企业管理层都感到不知所措。这一商业模式的应用是为了解决企业在“现款现货”下，“库存多、应收多，利润少、现金少”的问题，但这就意味着，企业要对市场需求有着很好的预测能力。对市场需求作出准确的预判有着很大的难度，海尔在一开始经常无法及时为客户供货。直到这一模式实行了一年后，管理层才对市场规律有所把握，从而基本实现了“不缺货”。

其次，“自主经营体”是海尔此次转型的核心内容。

海尔将每个员工作为考核单元，以海尔独特的“个人损益表”对其盈亏状况进行了解，从而在汇总后对企业整体盈亏有着更为细致的认识。张瑞敏正在努力将企业的经营重心转移到销售终端中，尽力挖掘客户的需求，并以海尔的技术、产能优势予以满足。

张瑞敏认为，“在信息化的时代背景下，企业在市场中不再具备话语权，客户占据了市场的强势地位。因此，我们不能再维持过去‘产品—客户’的流程模式，而要将客户需求放在第一位”。

最后，除了组织架构、管理机制的转型外，信息化转型是海尔这次转型的重要组成部分。

2008 年 1 月 1 日，海尔全球增值系统正式投入使用，这一系统通过 ERP 技术，对海尔的所有事业部、分公司、产品线进行全面管理，从而为海尔订单流、物流、信息流和资金流的整合提供技术保障。在转型过程中，海尔又引进、开发了各个小的信息系统，对海尔全球增值系统进行支撑完善。

经过了几年的发展，张瑞敏终于在“沃顿全球校友论坛”表示，“海尔的信息化真是颇费周折，好在现在基本算是做起来了”。

信息技术的充分运用，也是张瑞敏的“人单合一”概念得以实现的前提。在“自主经营体”机制下，每个员工都将客户需求放在第一位。海尔的经营流程也不再是去“找产品”，而是“找市场”“找订单”。

海尔转型的实质其实就是将企业的发展重心转移到销售和服务上，从而在价值链利润池（是指在行业价值链上，行业在各个环节所赚取的利润总和）中获得更大的收益。

第三节 麦当劳的三次战略转型

麦当劳在 1937 年成立之初，还只是一家小小的汽车餐厅。当时，美国刚刚经历过 1927—1929 年的资本主义危机，在这次危机中，倒闭的企业超过十万家，完全失业人数达到了 1700 万。

理查德·麦克唐纳和莫利斯·麦克唐纳两兄弟出生在一个制鞋家庭，其家庭也在这次经济危机中陷入了生存的困境，无奈之下，理查德·麦克唐纳和莫利斯·麦克唐纳就只能早早出来工作以应付生计，当时，美国人普遍面临着“吃不饱”的大问题，人们都为填饱肚子到处奔波。而快速食品行业提供的正是便捷、便利的食品，因而迅速发展起来，两兄弟便借钱来到洛杉矶的一个小镇，经营起一家汽车餐厅。

麦当劳就这样成立起来了，当时麦当劳除了厨房外，就只有几把带伞的椅子，所谓产品也只是热狗而已。小镇几千的人口，对于只有两个人的麦当劳而言，实在是一个极大的市场。而所谓称为汽车餐厅，是因为麦当劳主要是为那些没时间下车就餐的顾客提供快餐食品。最后，麦氏兄弟自己竟然忙不过来了，又雇了三个员工。

首先，1940 年，麦氏兄弟已经依靠那家小店挣到了自己的“第一桶金”。

当时的洛杉矶东北部有个小镇，位置偏僻，人口也不多。但随着“二战”的爆发，美国独特的地理位置为其赢得了绝佳的发展机会，大量的产品出口使美国就业率迅速上升。而这个东北小镇由于房租便宜，也很快成为当地的工人聚居区。麦氏兄弟看到了这里的商机，就果断卖掉了原先的小店，来到这里发展。

也正是在这个小镇，麦氏兄弟开启了麦当劳的第一次转型。麦氏兄弟并没有按照汽车餐厅的标准在这里开店，而是从产品、环境、服务、宣传等方面都做出了极大的改进，他们决定将麦当劳塑造成一个快餐品牌，而不仅仅是快餐小店。

麦氏兄弟开设的这家新店的面积已经扩大到了 60 平方米，只用来做厨房自然是对租金的浪费，于是，麦氏兄弟改变室外就餐的形式，在室内开辟了一片就餐区域。麦当劳也没有像其他餐饮店一样，将厨房隐藏起来，而是将厨房放在餐厅中间，并用透明的大玻璃将厨房围起来，消费者进来就餐时可以直接看到厨房，这也成为麦当劳的标志性设计，发展到如今，连围起来的玻璃也没有了。除此之外，麦当劳坚持着快餐店的本质，并没有在店内放桌椅，而只是沿着柜台放了几张凳子。

为了提高麦当劳的服务质量，在新店门口，麦当劳开辟了一个可以容纳125辆汽车的停车场，并雇用了20个伙计负责外出送餐。

随着店面的扩大，麦当劳的产品自然也不再局限于热狗，而多了汉堡包、酱汁排骨等20多种产品。

其次，要真正地打响麦当劳的品牌，报刊、广播等媒体上的广告宣传自然是必不可少的。

麦当劳在对于其品牌形象的塑造中并不只是突出自己快餐店的性质，而是将年轻化作为麦当劳最重要的特点加以宣传。麦当劳也由此成为小镇上年轻人最爱去的地方。

随着这一系列转型措施的实施，麦当劳的销售收入达到了年均20万美元，这在当时可不是一笔小数字。麦氏兄弟也从而进入了当地的“富豪”之列。

我们可以看到，麦当劳的第一次转型正是依托于美国经济复苏的大趋势，将经营地点转移到了新兴聚居区，并以丰富的食物和快速的送餐为客户提供更好的服务。而“开放式”的厨房设计也为麦当劳提高了辨识度，客户都愿意到麦当劳里看看热狗到底是怎么做出来的。

麦当劳品牌打响了，但麦氏兄弟并没有就此过上安逸的生活。相反，大量的汽车餐厅跟风而起，麦氏兄弟开始为建立竞争优势而苦苦思索着。

麦当劳作为一家汽车餐厅，一直被消费者认为是一家廉价食品店，这也就造成麦当劳只能维持较低的售价，而在成本上升中利润不断下降。年轻化的品牌效应，使得无所事事的年轻人经常在麦当劳店里滞留，这虽然为店内带来了“人气”，但也占据了有限的空间，影响了麦当劳的经营效率。

1948 年，麦当劳第二次转型在一个秋天的停业改造中完成了。麦氏兄弟在这次转型中紧抓快餐店“快”的核心特征，以“快速低价”实现薄利多销。

再次，自动化就餐是这次转型的核心内容。

麦氏兄弟深刻知道，作为一家快餐店，最大的竞争优势就在于低价。而面对原料、房租等固定成本的上升，麦氏兄弟决定提高顾客的就餐效率，并降低价格来赢得销售收入的提升。“送餐到桌”的服务模式被麦当劳抛弃，而改为顾客到收银台点餐、取餐，送餐环节的取消大幅度提高了顾客的就餐效率，也为麦当劳节省了人工成本。

顾客就餐效率的提升，对餐厅的食品制作效率提出了更高的要求。麦当劳开始引入自动化设备，在餐厅里尝试生产线的流水作业方式，以自动化生产提高食品制作效率。

最后，作为餐饮业，服务质量同样是不可忽视的组成部分。

麦当劳对餐厅设置了“12 人标准配置”方案，通过对人员的合理分配，结合自动化设备的食物制作流程，对人工成本进行了合理的控制。麦当劳在冬季开张后，不再雇用女性服务员，其目的正是防止年轻人为了搭讪服务员而在店内滞留。

麦氏兄弟在对每天的食品销量进行研究后发现，餐厅的收入更多来源于汉堡等便捷食物，而麦当劳大力推广的酱汁排骨却销量不佳。于是，麦氏兄弟又对菜单进行了精简，16 种销量不佳的食物被排除出菜单，汉堡也开始被麦当劳作为招牌食品。麦氏兄弟还取消了配料的可选性，每个顾客对于配料都有不同的选择，这使得快餐店的食物制作效率始终无法有效提升。麦氏兄弟决定对每个汉堡只配以番茄酱、洋葱和两片酸黄瓜，统一的配置使得顾客可以在 30 秒内取餐，而在这一模式下，麦当劳的汉堡价格也从 30 美分降到了 15 美分。

在做完这些转型后，麦氏兄弟又将降低成本的主意打到了洗碗工身上。瓷质、铁质餐具的使用，使得餐厅每天都要付出部分成本在洗碗工身上，而餐具的损坏和丢失也令很多餐厅头疼。于是，麦氏兄弟开始在店内使用一次性的纸质餐具，纸质餐具不仅降低了餐厅的经营成本，还为麦当劳塑造了“清洁、卫生”的品牌形象，再加上一个“开放式”的厨房，顾客都对麦当劳的食品安全感到放心。

第二次转型的一年后，麦当劳的销售业绩就比转型前上升了 30%，更在 1952 年登上了《美国餐馆》杂志的封面。

麦当劳真正向时下的全球连锁快餐企业迈步，则源于 1961 年雷·克洛克收购麦当劳。1954 年雷·克洛克发现了麦当劳的商机，从而成为麦当劳的全国代理人，开始策划麦当劳的全国加盟业务。然而，雷·克洛克的改良计划却得不到麦氏兄弟的支持，于是雷·克洛克果断收购了麦当劳，并且使把商业地产作为了麦当劳商业模式创新的切入点。

从此，麦当劳开始从一家小小的汽车餐厅发展成为遍布全球的快餐品牌，这正在于雷·克洛克以连锁经营为商业模式的第三次转型。1961 年，麦当劳在美国就拥有了 323 家门店，1963 年，麦当劳第一次在一年中卖出超过 10 亿个汉堡。

企业转型需要契机，而把握契机则需要企业家的魄力。在第二次转型后，麦当劳就具备了全国扩张的能力，麦氏兄弟却没有这样的魄力。雷·克洛克的接手，让我们得以见到今天这家奇迹般的快餐企业。

第四节　沃尔玛的六大创新智慧

1953 年，山姆·沃尔顿收购了费耶特维尔一家快倒闭的杂货店，当时这家杂货店的面积只有 18 英尺，还面临着老牌杂货店——伍尔沃思商店和斯克特商店的竞争。

如今，沃尔玛的营业收入为全球第一，其在全球 15 个国家拥有 8500 家门店，在零售行业拥有无可匹敌的竞争优势。

当我们对沃尔玛这五十年的发展历史进行总结时，就会发现，沃尔玛能够成功的关键原因就在于创新。

首先，人才创新。

山姆·沃尔顿在用人方面可以说是极其大胆的，而其对人才招聘和使用的最大创新，就在于分红机制的实施。

山姆聘用的第一个业务经理是威拉德·沃克。威拉德刚进入沃尔玛时还只是个兼职人员的身份，他本来是在 TG&Y 廉价商店做一个小主管，山姆为了让威拉德帮自己工作，而决定给予其沃尔玛 1% 的股份，TG&Y 的副总经理在知晓这件事后，就泼下了一盆冷水："一无所有的 1% 仍然是一无所有。"

但事实却将这盆冷水还给了这位副总。在威拉德帮助山姆工作的一年间，沃尔玛的年销售收入为 96000 美元，而其中 90000 美元的业绩都可以说是威拉德一手完成的。这也为威拉德带来了 10000 美元的利润分红。

自此，山姆对于分红机制的运用就一发不可收拾，这也使得更多的人才愿意进入沃尔玛，并留在沃尔玛，为了更多的分红而努力创造更多的利润。

其次，细节创新。

山姆对于细节的重视令人惊叹，很多企业家都将企业创新局限在制度、战略等大的方面，而小的细节则为他们所忽视。

沃尔玛是美国第一家实现货架全金属化的杂货店。当时的杂货店都是采用木头支架，但随着使用年限的增加，木头支架就会因为虫蛀或者发霉而腐化，甚至崩塌。杂货店每年都要耗费大量的成本在货架维护和购置上。山姆认为这些成本是完全可以节省下来的，而且，腐朽的木头支架也不美观，让顾客对于杂货店有着“脏、乱、差”的感觉。山姆偶然一次看到了金属制货架后，就对其产生了兴趣。当山姆对重置货架的成本进行估算后，就决定大批引进金属制货架。全金属货架的使用，使得沃尔玛在节省了木头货架维护、重置成本的同时，也在消费者心中形成了“现代化、时尚”的品牌形象。

货架更新只是沃尔玛细节创新的一个案例，但我们也可以从中看出沃尔玛细致入微的创新精神。

接着，采购创新。

美国早期的连锁店都会选择加盟一家大公司，以获得稳定的货源。沃尔玛一开始也是以加盟店的形式与巴特勒兄弟公司开展合作，但沃尔玛每年要支付给巴特勒高达 25% 的佣金，还要保证店内 80% 以上的货物从巴特勒采购。

山姆在经营时就发现，如果直接从制造商那里进货的话，不仅可以节省这 25% 的佣金，还能获得更低的采购成本。于是，山姆开始到田纳西州去寻找便宜的货源，还与纽约的采购服务公司开展合作，通过采购服务公司向生产厂家下订单，而向其支付的服务费却只相当于给巴特勒佣金的 20% 。

沃尔玛就是在这样的进货创新中，获得了比同行更低的采购成本，从而在维持价格优势的同时，保证了企业获得合理的利润。

这样的采购方式自然会让巴特勒不满，但巴特勒公司却没有克扣沃尔玛的奖金回扣。因为在沃尔玛极高的销售业绩下，即使无法保证 80% 的货物从巴特勒购进，其进货总量却仍然高于巴特勒的其他加盟店。

然后，经营方式和营销策略的创新。

20 世纪 30 年代时，食品城市开始运用自助购物的经营方式。但到了 50 年代，零售行业却只有两家企业引进了这一经营方式。山姆在到这两家店中考察之后，也开始尝试在沃尔玛实行自助购物的经营方式，大幅度提高的销售效率让山姆尝到了甜头，也最终随着沃尔玛的发展而传播开来。

除了自助购物外，折价经营也为沃尔玛赢来了更大的利润额。由于沃尔玛很多商品都是从制造商直接购进，而制造商一般会给零售商一定的折扣，沃尔玛就将这一折扣转化为自己的价格优势，凭借销量的大幅度提升赚取了丰富的利润。

在当时，折价经营其实是不被大型零售商看好的，他们认为折价经营牺牲了企业的利润，是一种低端的“价格战”，所以不屑使用。但山姆却看到了折价经营下的价格优势带来的销售收入增加。而为了更好地贯彻折价的经营方式，沃尔玛也决定脱离巴特勒的束缚，解除了合作关系。

山姆早期对于营销策略的创新，直到今天都还为很多零售商所使用。1960 年 7 月 29 日，山姆在《本顿县民主党人》报上刊登了其第一则广告——“重新开张！大甩卖！”没错，这就是“大甩卖”的第一次公开出现，这则广告为沃尔玛吸引了大批的顾客，“薄利多销”的经营模式得到了空前的成功。

不仅是广告，山姆还十分善于用一些新鲜的事物吸引顾客的注意。在爆米花机器刚刚出现时，山姆就在一次周六的“赶集”中，将爆米花机器放在了店门口，这为沃尔玛吸引了大批的顾客。而在冰淇淋机器被推向市场后，山姆甚至到银行借款购买了一台冰淇淋机器。两台机器的出现，使得顾客都愿意到这来看个新鲜，顺便买点什么。

山姆还想出了很多实用的促销的方法，比如免费送气球，或者是“优惠装”的打包销售等。

山姆从来不在乎售价有多低，只低价促销活动能够为沃尔玛赢来更多的销售量，山姆就会毫不犹豫地将其实施下去。

最后，经营领域创新。

当企业发展到一定程度之后，多元化经营是必然的选择。沃尔玛在“薄利多销”的经营模式下，迅速积累了大量的“原始资本”，其品牌知名度和认可度也得到了极大的提升。

为了保持沃尔玛的发展趋势，山姆开始着手进行经营领域的创新。在20世纪70年代，山姆开设了沃尔玛的“家庭购物中心”和“房屋装修中心”，但都因为这样那样的原因而无法实现利润增长，很快关闭了。

到了80年代，山姆决定还是将沃尔玛低价的优势发挥到底，继续着眼于零售业。但零售店市场已经近乎饱和，山姆就开始尝试新的零售模式。由此，沃尔玛开始进入批发俱乐部、药店、欧式超级市场、超级商店等领域，并大获成功。

创新对于任何企业而言都是必不可少的，创新并不局限于技术或是产品，而是从企业经营的所有方面，寻找能够为企业带来利润增长的创新点。

第五节　专属于星巴克的创新之路

星巴克最初也只是街头的一家小咖啡店，当霍华德·舒尔茨在 1987 年收购了星巴克后，其一系列创新措施终于带来了星巴克的极速发展。

1992 年 6 月，星巴克成为第一家上市的咖啡公司。自此之后，星巴克在充足的融资支持下，品牌一路打响。如今，星巴克已经在全球 37 个国家拥有超过 12000 家门店，其员工人数也已经超过了 117000 人。

相比于麦当劳的 70 年发展或是沃尔玛的 50 年创新，星巴克能够在短短的 20 年取得这样的成绩，实在是惊人。星巴克一直坚持为顾客提供最优质的咖啡和服务，并努力将星巴克打造为顾客除家和公司外的“第三空间”，正是这样的理念使其走上了一条专属于星巴克的创新之路。

星巴克最与众不同的地方就在于其服务质量，这也源于星巴克对顾客的独特认识。很多企业家认为顾客是非理性的，企业因此应为顾客提供更加理性的服务。但星巴克则不同，他认为优质的顾客服务应该是感性的。

首先，顾客之所以会对品牌认可和支持，是因为顾客从企业得到了感性的回报。

当企业能够为顾客提供真诚、感性的服务时，顾客就有可能被企业所感动，从而成为企业的忠诚消费者。

星巴克对消费者需求进行了详尽的细分，推出不同系列、可组合的咖啡产品，并以“一对一”的服务了解顾客的口味需求，从而为其提供相应的产品组合。

星巴克在对于产品的分类上极为感性，而不像其他企业单纯地以拿铁、卡布奇诺、玛奇朵等“学名”分类。星巴克的产品中有“活泼的”，它们口感更轻且香味浓郁，让人为之精神一振；也有“浓郁的”，它们以圆润的口感和均衡的香味为顾客提供更顺滑、饱满的饮用感受；还有“粗犷的”，这种风味的产品香味独特，有着极强的吸引力……正是在这种对于产品的“深加工”中，星巴克每杯咖啡都具备更高的附加值，从而为顾客提供更优质的咖啡体验。

其次，星巴克的感性服务更多体现在“人”的因素上。

星巴克最重视的是每一位入店消费的顾客。为了将每一位顾客发展为老顾客，星巴克的服务员都会与其进行深入的互动。星巴克对于服务员的培训极其全面，既包括销售技巧、咖啡调制，也包括人际交流、咖啡知识，这样，每一个服务员都可以和顾客交流与咖啡有关的各种知识。

这样，顾客在星巴克里不仅能买到优质的咖啡产品，还能学到咖啡的各种知识，听到与咖啡有关的各种奇闻异事。

星巴克将自己的服务定义为“互动式的服务”。因为顾客不仅能够从星巴克的服务中得到各种与咖啡有关的信息，星巴克也能从这种服务中了解到顾客的喜好和建议，从而为公司的产品开发、营销策略提供信息支撑。

最后，星巴克的优质服务体现在很多细节上。

星巴克的柜台永远不会离大门多远，这样，顾客一进门，服务员就可以看到顾客，微笑对视，并向其表示欢迎。在星巴克放糖、牛奶等配料的吧台上，有一张信函式的意见卡，不同于其他企业的形式设置，星巴克会对每个顾客的意见卡进行回复。星巴克还建立了“会员俱乐部”，为会员提供独特的服务，并与会员进行网络沟通。星巴克会为会员开设免费的咖啡讲座。2002 年，星巴克在上海就开设了超过 140 场的咖啡讲座。

正是服务员与顾客的直接沟通，让顾客对于星巴克的品牌文化有了更直观、更感性的认识，顾客也乐于将在星巴克里得到的知识作为谈资，与其亲友交流。这无形中就形成了一种口碑效应，从而为星巴克赢得了更高的品牌认可度。

星巴克采取的同样是自助式经营，但其服务却更加自由。由于咖啡调制无法实现“30 秒内取餐”的效率，顾客在点餐后可以找个位置休息或者在等候区观看服务员调制咖啡，服务员在咖啡调制好后会在等候区喊出咖啡名称，顾客就可以去取餐了。

星巴克的配料也可相当齐全，在其放置配料的吧台上，不仅有糖、牛奶，还有肉桂粉等调味品，餐具、餐巾纸等也可以自行拿取。

高自由度的自助服务使得顾客可以拥有更高的就餐效率，也不必为了餐具、餐巾纸等在柜台等上许久。

星巴克努力为顾客营造一种休闲式的就餐环境，咖啡的清香、音乐的淡雅、美人鱼的微笑，这些都为顾客创造了优质的消费体验。

第十一章

探索新模式，让企业制胜未来，赢在改变

第一节　分化模式：引领未来趋势，让品牌迅速扎根

很多企业家都将“成为品类第一”作为成功的标志，其实，这不仅是企业成功的标志，也是企业成功的一个重要前提。如果企业能够以“第一”的身份进入市场，就能让品牌迅速在消费者心中扎根立足。

第一家进入计算机领域的企业是 IBM，但在计算机领域中，微型计算机领域的第一人是 DEC，戴尔则成为计算机领域使用电话销售的第一，微软第一次从计算机硬件进入到软件领域，英特尔则以微处理器领域的第一家公司问世，便携式个人电脑领域的第一家公司则是康柏。

这些品牌都收益于其“第一”，而在信息化的时代背景下，快速发展

取得了成功。然而，并不是每个企业都能够成为“品类第一”，成为“品类第一”的企业也并不一定能够永远成功。成为“品类第一”意味着企业在领域上的创新，这对于企业家而言是有很大难度的。

但如果我们从另外一个角度对此进行分析，就会发现，无论是多么成功的企业，其能够做到“品类第一”的都只有某一方面，其他方面则是借助此项优势而顺势发展起来的。

事实上，企业家面对的市场越大，其业务的专业性就越高，而当全球市场开始进入企业家视野时，单纯的多元化经营就会让企业毫无特点。

万科是国内最知名的地产品牌之一，初期在深圳发展时，商务地产、住宅地产、工业地产等都在其业务范围之内，但当万科开始向全国市场发展时，它就变成了一家单纯的住宅地产企业。诺基亚在芬兰时，既做手机，也做电器、五金、医疗等，可一旦决定了国际化经营，诺基亚就只做手机业务了，这其实也是摩托罗拉在手机终端市场败北的原因。

所谓专业化的经营，就要求企业家以分化模式作为盈利模式，将企业所有业务进行分化，选取其中最具竞争力的业务作为企业的主营业务。但很多企业却一直迷失在盲目整合的商业模式中。

苹果公司曾经推出过一款结合式的笔记本电脑，其不仅可以作为笔记本电脑使用，还包含了传真机、无限通讯器、电子日历等功能，高业务功能整合使这款产品在问世之初，就得到了媒体的争相宣传。但消费者并不埋单，他们需要更专业化的产品，苹果不能保证每个消费者在购买笔记本时都需要那些功能，也不能保证这些整合功能能够满足所有消费者的需求，因此，这一产品最终也就无疾而终了。

海尔在产品创新时，同样做过像苹果这样盲目创新的事。在海尔发展之初，四川农村的消费者一直对海尔洗衣机不满，因为海尔洗衣机经常死机。当海尔维修人员去调查时才发现，这些消费者不仅用洗衣机洗衣服，还经常用洗衣机洗红薯。张瑞敏并没有让客服人员与他们沟通，告诉他们洗衣机只是用来洗衣服的，而是将消费者的这一需求作为商机，开发出了不仅可以洗衣服，还能洗红薯的“双用洗衣机”。这一产品被推出后在当地市场大受欢迎，可是，我们今天还能看到吗？分化模式是要求企业在市场发展的趋势下更加专业化，而不是将市场短期的某一流行元素作为专业化的方向。

飞利浦将数十亿美元投入到一款整合性产品的开发中，这款产品被飞利浦命名为CD－i，其本质上是一台多媒体放映机，可以满足消费者“看片”的需求，但其附加功能还包括玩电动游戏、看百科全书、餐馆电子博物馆……其功能整合性之高，让人惊叹，“一个多媒体放映机怎么能有这么多功能”。但也因为正是其功能之复杂，飞利浦的营销人员经常要用半个小时的时间向消费者介绍这些功能，试问，又有哪个消费者愿意花1000美元买这样一个，没了说明书就只能“看片”的“先进机器”呢？

比尔·盖茨则将引领未来趋势的主意打到了消费者的钱包里，他认为现在消费者出门既要带上信用卡、现金、身份证，还要带钥匙、笔、护照，这实在太辛苦消费者那小小的钱包了。于是，比尔·盖茨决定开发出一款融合了以上所有功能，还包括GPS定位等先进功能的电子钱包。我们相信，这款产品在推出后同样会迅速被市场所淘汰，太复杂的功能使消费者对其敬而远之，毕竟，即使是信用卡还没有在市场中完全普及开来。

首先，必须找到企业最具竞争力的业务。

如今的市场对于每个企业家而言，都不会显小。企业家想要在所有业务市场都获得成功，这无疑是不可能的。所谓“贪多嚼不烂”，如果企业在某一市场还只是处于挣扎生存的地位，又凭什么再分拆资源去开展其他业务呢？在分化模式下，我们必须尽快找到企业最具竞争力的业务，并着力扩大由此而来的竞争优势。

其次，必须紧抓市场发展的趋势。

或许企业在一定时期的发展之后，确实具备了行业垄断的优势地位，但下一步如何发展转型就显得格外重要。如果企业家没有认清市场发展的趋势，开发出的新产品、挖掘出的新领域就没有意义。IBM、戴尔、微软等企业之所以能成功，是因为它们在抓住了市场趋势的前提下开发出了新的细分领域，从而以“第一人”的身份占据了先机。

当企业家面对的市场很小时，专业化的分化模式并不显得有效，企业家需要以多元化的业务拓展业务领域。但在经济全球化的时代背景下，每个企业家都要有随时面对全球市场的觉悟。

第二节　改良模式：以更小的成本取得更大的收益

创新是每个企业家、管理学者都十分推崇的企业发展要素，在激烈的市场竞争中，我们必须以不断的创新来保持企业的竞争优势，不论是管理制度的创新，还是营销手段的创新，或是产品、技术的创新，企业家们都在苦苦追求着。

但创新真的有那么难吗？我们不妨来认识这样一个创新公式——“创新＝模仿＋改良”。

很多企业家会对此不解，“创新难道不是全新的创造吗？”答案当然是否定的。彼得·德鲁克说过“模仿本身就是创新，它是创新的必然前提，而创新是企业成功的关键”。在哈佛商业评论的调查中，我们也能看到，主动创新的企业只有11%成功了，而采用“模仿＋改良”方式的创新成功率高达45%。也正是因此，李嘉诚、松下等人才不愿“为天下先”，而是在其他企业成功的创新商业模式后，迅速模仿并加以改良，从而以更小的成本取得更大的收益。

当企业家找到自己的参考对象后，就会发现创新实在是件简单的事情。当别的企业在某一领域的创新有成果时，企业家就可以去跟风模仿了，在结合企业自身的特性和对市场的独特认识后，对其进行改良。这就是我们所说的，以复制为基础的新型改良模式。

很多企业的成功并不是因为其自身有什么重大的创新，而是对其他企业成功商业模式的模仿改良。微软、腾讯、百度等企业在创立之初其实都是一种模仿，但因为其独特的改良，它们才能超越它们的模仿对象，成为市场主导者。

创新是企业成功的关键，但企业创新并不意味着绝对新产品或新市场，也可以是在旧市场中投入新产品，或者是为旧产品开发出新市场。无论企业从经营理念、战略组合、商业模式、营销手段、管理工具等哪个方面进行创新，只有在不断地创新下，企业才能有不断提升竞争优势的可能。在市场日新月异的今天，我们应该找出一条更快捷的创新之路，那就是“模仿 + 改良”。

分众传媒是近几年发展势头十分强劲的企业，这家企业的商业模式就是围绕主流消费人群的生活轨迹，在每个消费者聚集区设立数字化媒体平台，从而为没落的传统媒体带来了又一次辉煌。

2003 年，分众传媒开创了中国第一家户外视频广告联播网络，其精确的受众定位，使得每部数字化媒体平台都瞄准了消费者最集中的区域，这也为媒体的宣传效率带来了极大的提升，使分众传媒迅速吸引了大批的广告客户。

2004 年，分众传媒开始在全国的大卖场中设置联播终端，其最初的目标受众正是全国最具消费能力的人群，来到大卖场的必然具备一定的消费能力和消费欲望，这一策略保证了分众传媒最初的生存发展。

2005年10月，分众传媒以其快速积累的资本收购了占据全国媒介，从而开始走进社区，在大多数社区门口或是电梯口设立了其媒体终端。分众传媒的目标受众在这时得到了大幅度的扩大。

2006年1月，分众传媒又并购了聚众传媒，聚众传媒是中国楼宇视频媒体的第二大运营商，其覆盖范围已达了全国一百多个城市。这次并购使分众传媒成功占据了全国98%的户外媒体市场，更为分众传媒带来了视频媒体技术的一次飞跃。

仅仅三个月后，分众传媒正式推出了户外LED彩屏媒介，并将终端覆盖范围扩展到都市中心商务区。

就是在这样的一步步扩张中，分众传媒已经在将近一百万的消费者聚集区设置了媒体终端，其每天的广告受众超过了三亿人，而其中大多数都是都市主流消费人群。分众传媒为广告客户带来了最优质的广告受众，而广告客户也为分众传媒带来了市场的主导地位。

分众传媒在2005年7月在美国纳斯达克成功上市，成为中国第一家海外上市的广告传媒企业，其更是以1.72亿美元的IPO创造了当时的纪录。

分众传媒的成功其实正是源于其“模仿+改良”的创新模式，分众传媒模仿的是谁呢？正是美国的楼宇电视传媒模式。分众传媒在成功模仿引进这一模式后，又根据中国市场的特点，对媒体资源加以整合，从而取得了超越美国楼宇电视传媒的效益。

首先，必须更新自己的创新思维。

创新并不仅仅是靠自己去调查、去研究、去思考，这通常意味着高昂的创新成本。如果企业家能够采用“模仿＋改良”的模式，就能以最低的创新成本取得更高的创新收益。而我们能够模仿的并不仅仅是同行们的商业模式，其他行业的技术手段、营销策略、管理制度等，同样也能从中找出其独特的价值，从而获取令人意想不到的效果。

其次，应提高自己的学习积极性。

企业家要想有效的运用“模仿＋改良”模式，就要拥有更强的模仿能力和改良能力。这就对企业的学习能力提出了更高的要求，我们应积极学习其他企业成功或失败的经验，从而“取其精华去其糟粕”，在对其他企业的高度学习中，找出最适合自己的商业盈利模式，并结合企业的自身特性加以改良，以更好地应对市场的发展趋势。

企业要想成功，创新是必不可少的。我们不仅可以对企业发展的各个要素进行创新，也可以对创新本身进行创新。这种创新就是“模仿＋改良”模式。

第三节 “加码”模式：避开价格战恶性竞争，放长线钓大鱼

随着商品经济的高速发展，“价格战”造成了当今市场竞争的一种恶性循环。很多企业都想要避开“价格战”的恶性竞争，但却苦于缺乏有效的手段。

很多企业家希望用不断地创新甩开跟风模仿者，从而取得不可模仿的竞争优势。但现今生产力的高度发达、信息的高速流通，使得跟风模仿成为一件十分容易的事，而企业也在不断地创新中付出高昂的成本，如果创新失败，企业就要面临成本的白白流失，跟风模仿的企业则不用承担这一风险。

在这样的市场环境下，企业家总是被迫陷入“价格战”的包围圈中，在不断的降价中追求一点点微薄的利润。有时，企业家拼着一口“恶气”，和竞争对手在价格上死磕，最终却只能赢了订单，赔了利润。

“加码”模式为我们提供了一条有效的途径，这一模式也有其他的名字，如“饵与钩”模式、“剃刀与刀片”模式、“搭售”模式，等等。其含义就是以极低的价格出售企业的基本产品，即使是亏损也在所不惜，再

以极高的价格出售与之相关的消耗品或服务，通过这种“搭售”的方式为企业“加码”。

如果企业从另一个角度去理解这一盈利模式，就发现这其实就是一次钓“鱼”。基本产品就是企业抛出去的“饵”，再用与之相关的产品作为“钩”，以钓上一条条大“鱼”。

这一模式从20世纪初期就出现了，到如今仍然以各种形式被各种企业运用着。比如剃须刀企业的剃须刀和刀片、电信运营商的手机和电信业务、打印机企业的打印机和墨盒。随着信息化的发展，很多信息技术企业也深谙此道，比如Adobe公司提供免费的PDF阅读器Adobe Reader，却以高昂的编辑器Adobe Acrobat赚取利润；时下很多网游公司也以“免费网游+收费道具”的形式提高收益；腾讯QQ则是其中的佼佼者，其免费的QQ终端配上各种各样收费的“钻石服务”在中国市场上大获成功。

企业家如果能够找到企业中的“饵”与“钩”，就能以“加码”模式避开价格战的恶性竞争。但企业家如果不能有效的处理“饵”与“钩”的同步关系，那么就钓不到市场中的“大鱼”了。

有线数字电视的发展同样是对“加码”模式的实践，通过与电信运营商的合作，现在很多消费者的家里都有一部“数字机顶盒”，这就是有线数字电视撒出去的“饵”了。

当企业对“加码”模式的盈利机制进行分析时，就会发现在这一模式下，企业其实是掌握了消费者的消费行为趋势，而将具备长期使用性的有关产品作为钓“鱼”的钩。剃须刀的使用必然要定期更换刀片，买了手机就不可能不产生电信业务费用，用打印机就必然要经常购买墨盒……企业正是在这种消费行为的预设中，实现盈利的。

但是有线数字电视则面临着一个尴尬的局面，有线数字电视想要盈利，就必然要依靠消费者观看付费频道。然而，付费频道在刚被推出之后市场上几乎没能激起个水花，不久就迅速被边缘化和忽视了。

当企业对 iPod 的盈利模式进行分析时，就会发现，iTunes 其实就是苹果公司的一个“钩”，音乐往往可以成为一种“精神鸦片”，消费者在喜欢上某种音乐后，就会不断地去聆听同类的音乐产品。而为了这一的满足需要付出 1 美元的代价，对于消费者而言其实是可以承受的。

有线数字电视想要成功运用“加码”模式，也可以借鉴这种模式。在很多情况下，优质的电视内容同样可以成为一种“精神鸦片”，让消费者为了长期获得这种优质服务，而花费 20 元的成本，这其实也是消费者可接受的。

但有线数字电视却并不这样认为，由于中国市场盗版问题严重，很多消费者都喜欢从互联网中寻找“免费的午餐”，有线数字电视可能是认清了中国的这一市场特征，而放弃了提供独家的优质电视节目，决定将一些非典型电视业务作为自己的“钩”。

有线数字电视发展到今天，我们可以看到其主打的一些功能有：视频监控，远程报警，代扣水气煤费，电视视频聊天、电视线路上网、电视游戏等。每个消费者在看到这些业务功能时，都会说一句“我直接用电脑上网玩游戏好啦”。有线数字电视主打的这些功能几乎都是从互联网中移植而来的，但电视真的比电脑做得更好吗？

这样的模式运用无疑是对“加码”模式的错用，有线数字电视只会在不断加大的开发成本中，越来越被市场所忽视。

有线数字电视仍然应紧抓电视的本质，立足广电电视资源的核心优势，不断扩大，在付费频道提供更优质的节目，消费者如果花费不多的成本，就能方便的取得满足需求的优质服务，就会愿意为节目付费。

如果企业家不能在“加码”模式中处理好“饵”与“钩”的关系，就只能是大量的“饵”撒出去了，却“没鱼上钩”。

首先，必须对“加码”模式的适用性进行分析。

“加码”模式并不适用于每家企业，企业家想要以“加码”模式避开价格战的恶性竞争，就必须确定企业“有码可加”，很多企业的业务可以说是一次性的，比如医药类企业，消费者在买了药之后不可能再买别的什么，也不可能长期买药。所以，企业内必须拥有可以相互补充的产品或服务，并且其补充产品、服务要具有长期使用性，企业才能依靠这种模式盈利。

其次，必须处理好“饵”与“钩”的关系。

企业要让“鱼”上“钩”，就要保证“饵”是诱人的，“钩”是牢固的。不诱人的“饵”，“鱼”都不愿意吃；不牢固的“钩”，也钓不上来

"鱼"。所以，我们在推销基本产品时，要采取尽量低的价格甚至是免费，再通过与其他渠道商的合作，迅速将基本产品推广出去，比如数字机顶盒与中国电信家庭宽带的合作。基本产品的补充产品则是"加码"模式的盈利关键，而长期使用性是其必然的特性。

"加码"模式的成功性让企业家们都乐于尝试，以优化企业的商业盈利模式，但如果企业没有好的"饵"与"钩"，那么，还是放弃这一模式吧。

第四节　平台模式：让企业走向共赢

现在的企业家但凡有些野心，都会把目光投向平台。平台几乎处于产业链的最高端，企业一旦掌握了平台，就能在产业链中掌握话语权，竞争优势的极大提高自然能带来利润的急剧增长。但平台又不是一种"利己"的商业盈利模式，相反，平台模式的运用可以让平台上的所有企业走向共赢。

平台模式从营利性、可持续性、共赢性、安全性、覆盖性等各方面而言，都具备着极强的优势，这就意味着，平台模式的成功有着相当大的难度。

企业想要打造出属于自己的平台，就必须要拥有行业内最大的客户规模，要做到这点，企业的产品、服务质量就要达到一定程度，而且，企业的产品、服务要抓住市场发展的趋势，掌握先机，再加上强效的市场营销手段，企业才能迅速积累大批客户，并逐渐在行业内成为佼佼者。

拥有最大的客户规模也只是做好平台的一个前提，企业提供给客户的产品、服务还需有极强的黏性。企业提供的产品必须是客户“强需求”的，否则，即使拥有庞大的客户规模，也无法留住客户，平台就无法发挥其预期的效用。

对于中国的企业家而言，平台尤为难做，正是因为中国市场上普遍缺少合作、共赢的心态。中国人向来喜欢“吃独食”，当某个企业发展到一定规模时，企业家就想要拓展自己的业务，向产业链上下游发展，哪里有钱赚就去哪。做平台则不同，平台几乎就是为其他企业搭建的，合作伙伴通过企业的平台盈利，企业的利润却相对很小。如果合作伙伴无法借助平台有效的发展，则平台也就无法壮大，甚至无法存活，企业自然也就做了“无用功”。

平台的打造其实就是为其他企业建立一个盈利的基础，其他企业可以在这个基础之上推广自己的产品、服务。这就要求企业家有着极强的全局观，可以立足于整个产业链，以控制、整合、发展为目的打造平台。

平台模式的难度使很多企业家在平台面前望而却步，但如果企业打造出成功的平台则可以在参与者的增多中获得更多的利润，最终能够在产业链中占据一种垄断性的地位。

腾讯生存发展的根基无疑是其作为一款社交软件，积累下的用户数量。在中国电脑软件市场，无论是装机量，还是用户基数，或是使用频率，腾讯 QQ 都可以说是当之无愧的龙头老大。

但在 2010 年，腾讯开始陷入利润增长缓慢的危机中，其与 360 开展的“3Q 大战”也让 QQ 的品牌形象急剧下降，其不顾用户需求，在用户电脑上强制进行的“3Q 大战”让腾讯意识到了什么叫众口铄金。

“一直在复制，从未被超越”的腾讯开始受到消费者、竞争者的口诛笔伐，为了改变腾讯不断恶化的品牌形象以及不断下降的利润增长率，腾讯将其目光投向了平台。

2011 年，腾讯开始实现平台开放战略，让开发者借助腾讯这个平台来赚钱。在腾讯实行平台战略后的近两年间，腾讯为开发者带来了超过 30 亿元的收入，而根据权威机构的估计，腾讯从中创收最少也要有 30 亿元。要知道，腾讯从创立到发展的 8 年间，收入总和也仅仅是 30 亿元左右。

腾讯平台的开放首先是从游戏类应用开始的，游戏类应用平台可以帮助腾讯开放平台在最短的时间内，以较低的成本赚取更多的利润。而腾讯一直被行业所诟病的“抄袭”也更多是在游戏类应用领域：别人出泡泡堂，腾讯出 QQ 堂；别人出冒险岛，腾讯出 QQ 三国；别人出跑跑卡丁车，腾讯出 QQ 飞车；别人出劲舞团，腾讯出 QQ 炫舞……这些抄袭或许为腾讯依靠用户基数赢得了微薄的利润，但腾讯在行业和消费者心中的品牌形象却急速下降，“纯抄袭式”的商业盈利模式，正是腾讯2009—2010年陷入生存困境的根本原因。当腾讯决定将商业盈利模式向平台式转型时，游戏应用类的开放为其挽回了部分口碑。

而腾讯开放平台的精品化战略也是其成功的原因之一。同样以游戏类应用为例，过去腾讯的游戏类应用都是对市场流行游戏的“低端复制”，由于缺乏高端的技术，腾讯也只是将这些游戏作为赚“快钱”的机器，因此，其过去的游戏类应用可谓粗糙，一直落后于网游行业整体水平。腾讯在平台开放后，决定以精品化战略为用户提供更优质的游戏体验，在这一平台中，所有开发商的产品都在同一个基础上进行竞争，谁的应用好，谁就会得到腾讯的扶持。

腾讯要采用平台式型盈利模式，可以说拥有得天独厚的条件。腾讯的用户基数是中国互联网企业中最大的，其在最初几年的快速发展中，积累了重组的资金、人才、渠道资源，而当初“一直在复制，从未被超越”的商业模式，从客观上来说也为腾讯提升了放眼全局的能力。

首先，必须提高对合作、共赢的重视。

在当今的时代背景下，合作、共赢是市场竞争的必然选择。而企业家要打造自己的平台模式，就必须真正的认识合作、共赢的重要性。平台本身就是合作共赢的渠道，平台模式的成功就在于，企业的合作伙伴越多，平台的价值就越高，企业自然就可以从中获取更多的利润。平台时代的到来已势不可挡，企业家如果还只是想着“吃独食”，最后只会“没饭吃”。

其次，必须不断提高企业平台的能力。

企业要打造出自己的产业链平台，就必须有相应的设施基础、技术基础、管理基础等。企业平台拥有了更完善的基础能力，对合作伙伴的能力要求也就越低，参与进来的合作伙伴也就越多。企业平台的打造，就是将企业打造成为产业链服务的企业。做服务，服务质量很重要，企业平台的能力自然是必需的。

平台模式必然是未来最高端的盈利模式，在互联网上，百度垄断了信息入口，腾讯垄断了社交入口，阿里巴巴垄断了交易入口……

然而，中国的实体经济领域，平台模式才刚刚拉开序幕……

可见，谁掌握了平台，谁就垄断了行业入口。

一切的转型升级与盈利模式创新才刚刚开始……

后 记

对中国企业转型升级的几点看法

自 21 世纪初中国企业转型升级概念提出后，经各路专家与媒体渲染，一时间红遍大江南北。关于转型升级诸如“不转型等死，转型找死”“转型升级、技术至上”“转型升级就是流程优化”之类的说法误导企业于窘地，仿佛在有美好事物却又不知从何下手或力所不逮。更有企业把“点子大王 2.0 式”的市场策划方案、“技术创新”等同于商业模式创新，其思维与行为仍停留于产品竞争或市场竞争阶段，实施效果无异于盲人摸象。

众所周知，战略管理学说发展经历了四个阶段，每个阶段特定的环境和主题：

1. 产品竞争阶段：该阶段的特点是产品供不应求，行业的利润高地在制造环节。制造商主要精力是如何更好地生产出产品。代表理论有生命周期、经验曲线、S 曲线等。

2. 市场阶段：随着社会生产效率的提升，产品供需逐渐趋于平衡，制造商的利润空间逐渐下降，制造商开源节流成为经营重心。代表理论有 GE 经营、BCG、SUB、SWOT、Ansoff、市场矩阵等。

3. 行业及消费者阶段：产品需求被充分满足之后，行业利润高地转向供应链的薄弱环节，价值链薄弱环节隐藏的利润成为企业追逐的重点。代表理论有战略群体、价值链、利益相关、蓝海战略等。

4. 战略转型与盈利模式创新阶段：产品（服务）被过度满足后，可能出现"低端破坏性创新的商业模式"和"专业性替代商业模式"。企业之间的竞争完成了向基于产业链高度的商业模式竞争阶段转移的过程。代表理论有战略转型、盈利模式创新、商业模式重组、市场和资源整合等。

改革开放 30 多年来，中国企业迅速占领了每个消费领域，中国经济进入产品（服务）被过度满足的"过剩经济"时期。企业陷入白热化、同质化的低端竞争阶段，电子商务、大数据、移动互联等新经济的出现加剧了这一竞争。抱残守缺、循规蹈矩地停留在对昨日辉煌的回忆当中固然无法获取发展，但是看不清楚环境变化，仍以产品经济时代的思维来应对今天的困难更不可取。

NOKIA、柯达、摩托罗拉等著名企业纷纷倒在了自己创新发明的案例警示着中国企业。首先要进行思维上的转型升级！不主动转型就是等死！

主动精确地转型就可以获取基业长青！

首先，转型升级与盈利模式创新是基于社会经济发展阶段的产物。

经济发展初期各行业都才存在大量的市场需求空白点。有眼光的企业家总是善于挖掘、抢占先机。柳传志先后发现并进入电脑制造、IT 服务、蓝莓产业等领域证明了他作为商界领袖的独特眼光。我国改革开放初期大量民企的蓬勃发展很大程度上依赖于当时各个领域大量市场空白急需满足。

其次，转型升级与盈利模式创新需要围绕市场容量与行业利润高地进行。

伴随着经济发展阶段的转换，企业需要具备寻求更大市场容量和占领价值链利润高地的能力。转型升级与盈利模式创新需要具有价值创新的能力、恰到好处的市场营销、丰富而又隐藏壁垒的盈利模式创新、多变而不离其中的融资模式设计、灵活低成本响应的运营实施。企业务必识别市场策划、技术创新、流程再造、管理改进等都是服务于转型升级和盈利模式创新的手段和方法，应当避免“唯方法论”的创新模式。

再次，转型升级与盈利模式创新是“跨界成功”的保障。

意大利拖拉机生产商兰博基尼先生在一次偶然的驾驶法拉利跑车的过程中发现该车存在较为严重的问题，在沟通不顺的情况下愤而转型生产超级跑车，从而诞生了世界级的超级跑车品牌兰博基尼。看似意气之举却仍然获得成功，偶然之中存在必然成功因素。（1）作为跑车超级粉丝和忠诚客户的兰博基尼先生发现了跑车细分市场中的价值创新点，法拉利先生的傲慢使得兰博基尼先生决定自己生产更符合细分客户需求的跑车；（2）价值创新所带来的巨大“溢价”足以抵消跨界初期的高成本投入。

兰博基尼先生在跑车业务趋于稳定之后，决定进行第三次跨界：生产“兰博基尼”品牌高端葡萄酒。借助兰博基尼跑车高质量、高品位、高体验的品牌形象和当时意大利市场葡萄酒高品位、高体验细分市场的大量空白，兰博基尼先生这次看似风马牛不相及的跨界仍旧取得了成功，成为意大利了和欧洲上层社会聚会指定用酒。

最后，转型升级与盈利模式创新是平台型商业模式成功的基础。

实体企业向平台模式转型要求从全产业链的格局出发，完成建立多边网络平台、设置准入机制、确定付费方和补贴方的利益保障、协调好产业链价值分配等一系列完全区别于单个企业经营的转型与盈利模式创新。笔者目前正在辅导的企业中，有两家确定了平台型商业模式作为其发展方向。

虽然平台型商业模式以其覆盖性和赢者通吃的特点成为企业新的战略方向，但由于平台模式对实体企业的转型升级要求较高，国内实体企业至今仍然罕见转型成功的平台模式。

综上所述，转型升级与盈利模式创新在我国企业才刚刚开始！恰逢其时，我们责无旁贷！